KERSTIN ROSENBERG ist anerkannte Spezialistin für ayurvedische Ernährung und Therapie. Seit über 12 Jahren widmet Kerstin Rosenberg ihr Leben intensiv dem Ayurveda und arbeitet neben ihren Aufgaben in der Geschäftsleitung der Europäischen Akademie für Ayurevda und des angeschlossenen Ayurveda Gesundheits- und Kurzentrums als ganzheitliche Ayurveda Ernährungs- und Gesundheitsberaterin, Schulungsleiterin und Autorin. Als Seminarleiterin begeistert sie Menschen mit dem alten ayurvedischen Wissen auf inspirierende und direkt anwendbare Weise. Mit Ihrer individuellen Ernährungstherapie und Kochkunst hat Kerstin Rosenberg neue Maßstäbe für den hiesigen Umgang mit Ayurveda gesetzt. Mit ihrem Zentrum in Birstein, mit Ihren Büchern, Vorträgen und Beratungen möchte sie allen Menschen einen individuellen Weg aufzeigen, den eigenen Alltag auf der Grundlage von Ayurveda in wahrer Gesundheit, Lebensfreude und Eigenverantwortung zu gestalten. Gemeinsam mit ihrem Mann gründete sie 1992 das Mahindra-Institut in Birstein – die heutige Europäische Akademie für Ayurveda. kerstin.rosenberg@ayurveda-akademie.org

AYURVEDA lehrt, das innere Gleichgewicht und die geistigen Entwicklungsprozesse und damit die Gesundheit mit einer positiven und lebensbejahenden Einstellung zu fördern. Das sehr leicht und undogmatisch geschriebene Handbuch der ayurvedischen Medizin hilft dem Leser, diese altindische Wissenschaft kennenzulernen und in sein eigenes westlich geprägtes Leben zu integrieren. Gesundheitsempfehlungen von A–Z und einfache Hausrezepte für Vitalität und Jugendlichkeit runden dieses informative und praktische Buch ab.

Kerstin Rosenberg

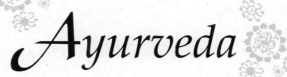

Ayurveda

Heilkunde und Küche

*Als Vorlage diente die im Jahre 2000 erschienene Ausgabe
des Bauer-Verlags, Freiburg i. Br.*

© 2007 Schirner Verlag, Darmstadt
Alle Rechte vorbehalten

ISBN 978-3-89767-521-6

2. Auflage 2007

*Umschlaggestaltung: Murat Karaçay
Satz: Elke Truckses, Eleni Efthimiou
Herstellung: AALEXX Druck GmbH, Großburgwedel
www.schirner.com*

Inhaltsverzeichnis

Vorwort 11

KAPITEL 1
Einführung in die Geschichte und Philosophie des Ayurveda 13

Ursprung der ayurvedischen Medizin 13
Das Menschenbild im Ayurveda 15
Brahman 16 • Atman – Die unvergängliche Seele 18
Purusha und Prakriti 19 • Maya 19 • Om – Die Silbe der Schöpfung 20 • Die Gunas 21

KAPITEL 2
Grundbegriffe der ayurvedischen Medizin 23

Therapieformen im Ayurveda 24
Die acht Fächer der ayurvedischen Medizin 25
Die fünf Elemente (Mahabhutas) 28
Akasha 29 • Vayu 29 • Agni 30 • Jala 30 • Prithivi 31
Die drei biologischen Kräfte (Doshas) 31
Vata 33 • Pitta 35 • Kapha 38
Das Verdauungsfeuer (Agni) 41
Die Abfallprodukte und Ausscheidungen 43
Mala 43 • Ama 43
Die sieben Körpergewebe (Dhatus) 45
Die Zirkulationskanäle (Srotas) 48

Kapitel 3
Die Konstitutionslehre im Ayurveda 50

Die Konstitutionstypen im einzelnen 55
Der Vata-Typ 55 • Der Pitta-Typ 57 • Der Kapha-Typ 59
Manasa, die geistige Konstitution 62
Die sieben Sattvika-Konstitutionen 63 • Die sechs Rajasa-Konstitutionen 64 • Die drei Tamasa-Konstitutionen 65
Konstitutionsdiagnose und ganzheitliche
Testverfahren 65
Fragebogen 1 – 67 • Fragebogen 2 – 72
Betrachtung des Agni und der Doshas durch Malas 79
Zungendiagnose 81
Zungenfarbe und Zungenbelag 81 • Die Form und Beschaffenheit der Zunge 84

Kapitel 4
Die Ernährungslehre im Ayurveda 85

Grundlagen der ayurvedischen Ernährung 85
Individuelle Empfehlungen zum Ausgleich des
Verdauungsfeuers 88
Allgemeine Ernährungsempfehlungen zum Ausgleich
von Agni 90 • Wechselnde Verdauungsphasen im Tagesrhythmus
92
Die sechs Geschmacksrichtungen (Rasa) 93
Der süße Geschmack 94 • Der saure Geschmack 95
Der salzige Geschmack 95 • Der bittere Geschmack 96
Der scharfe Geschmack 97• Der adstringierende Geschmack 97
Die speziellen Eigenschaften der Nahrungsmittel 99

Harmonische Ernährung im richtigen Rhythmus 100

Die Tagesuhr der Verdauungsenergien 100 • Leben mit den Jahreszeiten 106

Ernährung und Konstitution 113

Ernährungsempfehlungen für die Vata-Konstitution 114
Ernährungsempfehlungen für die Pitta-Konstitution 120
Ernährungsempfehlungen für die Kapha-Konstitution 124

Einfache Ayurveda-Kochrezepte zum Ausprobieren... 129

Leckere Frühstücksvariationen, Zwischenmahlzeiten
und kleine Snacks 130 • Frühstücksrezepte 133
Gemüsegerichte 135 • Reis, Hülsenfrüchte und Getreidegerichte
143 • Kleine Beilagen und Dips zur harmonischen Geschmacksgestaltung 147 • Süße Nachspeisen und gesunde Naschereien 150

KAPITEL 5
Äußere Behandlungsmethoden 154

Die Ölbehandlungen (Snehana) 156

Die Einsalbung (Abhyanga) 158 • Die ayurvedische Ölmassage
160 • Abhyanga in der Praxis 162 • Padabhyanga – Die ayurvedische Fußmassage 169 • Herstellung und Rezepturen von
ayurvedischen Ölen 172

Die Schwitzkur (Swedana) 176

Praxis der ayurvedischen Schwitzbehandlungen 178
Upanaha – Umschlagtherapie 179 • Anna Lepa Sweda – Direkte
Breibehandlung 183 • Prasthara Sweda – Schwitzen im Umschlagbett 184 • Parisheka Sweda – Warme Dusche mit Abkochung 184
• Nadi Sweda – Örtliche Behandlung mit Dampf 186• Kumbhika
Sweda – Schwitzen mit Pflanzen-abkochungen 187 • Jentaka
Sweda – Schwitzen in der Schwitzhütte 190

KAPITEL 6
Innere Behandlungs- und Reinigungsmethoden .. 191

Die Verringerung 192

Verhaltensregeln für den Tag 192 • Verhaltensregeln für die Nacht
195 • Verhaltensregeln für die verschiedenen Jahreszeiten 197 •
Das Nicht-Unterdrücken der natürlichen körperlichen
Bedürfnisse 197

Die Reinigung 199

Panchakarma 199 • Fasten und Entschlacken 205 • Das Ayurveda-
Fastenprogramm 208 • Fasten und die individuelle Konstitution
214

KAPITEL 7
Ayurveda für Frauen 216

Das energetische Gleichgewicht der Frau 217
Der monatliche Zyklus und die Menstruation 218
Die Wechseljahre 224
Hilfe bei Beschwerden in der Menopause 229
Spezielle Nahrungsmittel und Gewürze während der
Menstruation, Menopause und Schwangerschaft 232

KAPITEL 8
Gesundheit aus eigener Kraft 234

Die Entstehung von Krankheit und ihr Verlauf 235
Empfehlungen zur Krankheitsvermeidung 245
Mit Ayurveda mehr Gesundheit und Vitalität
für jeden Tag 247
Das Ayurveda-Tagesprogramm in der Praxis 247
Krankheiten ayurvedisch behandeln 255
Asthma 256 • Kopfschmerzen und Migräne 258 • Magenbe-
schwerden, Schleimhautentzündung oder Geschwüre 259 • Rheu-
ma 260 • Rheumatische Arthritis 260 • Gelenkrheumatismus 261
• Diabetes mellitus 262 • Herzkrankheiten 264 • Ischämie,
Herzrhythmusstörung und Herzmuskelschwäche 264 Haut-
krankheiten 265 • Psoriasis 266 • Ekzeme, Ausschläge 267
Akne 267 • Neurodermitis 268 • Pigmentstörungen 268

Kontaktadressen 269
Ayurveda-Ausbildungen, Seminare und Kuren 269
Informationen und Adressenliste 270
Register 271

Vorwort

Ayurveda, die indische Wissenschaft vom langen Leben, ist mehr als ein ganzheitliches Gesundheitssystem: Es basiert auf einer sehr alten und dennoch zeitgerechten Weltanschauung, die sich namentlich in der indischen Samkhya-Philosophie wiederfindet. Diese spirituellen Grundsätze finden sich in allen praktischen Anwendungsbereichen des Ayurveda wieder.

Wenn man sich mit der ayurvedischen Medizin beschäftigt, mit ihren Ernährungsansätzen und Heilmethoden, kann man nicht umhin, sich mit der indischen Philosophie im allgemeinen vertraut zu machen und vorab einen Blick auf das Menschenbild im Ayurveda zu werfen. Deshalb ist der Ernährungs- und Gesundheitslehre in diesem Buch ein theoretischer Komplex vorgeschaltet, der eine kurze und komprimierte Übersicht über die Geschichte der ayurvedischen Medizin liefert und die zentralen Vorstellungen und Begriffe erläutert.

Als Einführung gedacht, sind die Beschreibungen so kurz wie möglich gehalten und dienen jederzeit auch bei der Lektüre des Buches als Nachschlagemöglichkeit. Zentrale Begriffe, die immer wieder auftauchen, sind auf den ersten Seiten erklärt. So ist die ayurvedische Medizin z. B. in acht Fächer unterteilt, die sich mit unterschiedlichen menschlichen Bereichen beschäftigen. Fünf Elemente machen im indischen Weltbild den ganzen Kosmos aus: Wasser, Erde, Luft, Feuer und Äther. Alle Dinge dieser Welt werden diesen Elementen zugeordnet. Daraus abgeleitet setzt sich der Mensch aus drei Doshas zusammen, Körpersäften gewissermaßen, die mehr oder weniger vorherrschend bzw. gemischt auftreten können. Diese Gegebenheiten führen zu einer Lehre der Konstitutionstypen. Diese Konstitutionslehre ist sozusagen das Herzstück der ayurvedischen Medizin, die Basis, auf der sich die Behandlung gründet.

Die anfänglich äußerst kompliziert anmutende und oft verwirrende indische Terminologie wird Ihnen im Laufe der Lektüre bald geläufig und erleichtert Verweise und Erklärungsmodelle.

Als Kernpunkt der ganzheitlichen Gesundheitspflege steht im Ayurveda die sensible Wahrnehmung der eigenen Körpersymptome und Bedürfnisse im Mittelpunkt. Nur wenn Sie bereit sind, sich selbst aufmerksam zu beobachten und die Wirkung Ihrer persönlichen Lebensgewohnheiten im physischen und psychischen Bereich kennenzulernen, ist es im ayurvedischen Sinne möglich, Selbstverantwortung für den eigenen Körper und dessen Gesundheit zu übernehmen.

Die Beschäftigung mit der ayurvedischen Medizin ist für jeden Menschen eine spannende Entdeckungsreise in sein natürliches Persönlichkeitsmuster. Lassen Sie sich mitnehmen auf diese Reise und lernen Sie mit diesem Buch, die individuelle Lebensgestaltung nach Ihren ursprünglichen Bedürfnissen auszurichten.

Kapitel 1

Einführung in die Geschichte und Philosophie des Ayurveda

Ursprung der ayurvedischen Medizin

Ayurveda ist die älteste uns überlieferte medizinische Wissenschaft. Sie entstammt der altindischen Hochkultur und wurde vor ca. 5000 Jahren das erste Mal schriftlich niedergelegt. »Ayuh« heißt übersetzt »Leben« und bezeichnet die Verbindung von Körper, Seele und Geist, die die Grundlage des Lebens schafft. »Veda« läßt sich als »Wissen« übersetzen. Somit bedeutet Ayurveda das Wissen vom Leben.

Den Ursprung der ayurvedischen Medizin finden wir in den Veden, jenen vier Sanskritschriften, die als die ältesten Zeugnisse der indischen Literatur gelten. Es heißt von den Veden, daß sie vom höchsten Wesen (Brahma) selbst stammen: Aus Liebe für die Menschen übergab Gott Brahma die Veden den Rishis, den alten heiligen Männern Indiens, die nun von ihm die Weisheiten über die Natur, den menschlichen Körper und die Möglichkeiten der Heilung in der Meditation empfangen durften. Jahrtausendelang wurden die Veden als Gesänge rezitiert und überliefert, bis sie später schriftlich aufgezeichnet werden konnten. Die meisten Bezugspunkte zu den ayurvedischen Praktiken sind im vierten Buch der Veden, dem »Atharvaveda« zu finden.

Der älteste, namentlich bekannte und historisch belegbare ayurvedische Arzt war Charaka. Von ihm stammt das bis heute gültige Ayurveda-Standardwerk, das »Charaka Samhita«. Es ist eines der drei authentischen Werke der ayurvedischen Medizin, die die Zeit überdauert haben. Mit den sogenannten »großen Drei« sind die wichtigsten Werke der ayurvedischen Wissenschaft gemeint, die im einzelnen das »Charaka Samhita« (entstanden etwa im 1. Jahrhundert n.Chr.), das »Susruta Samhita« (etwa 1. Jahrhundert n. Chr.) und das »Astanga Hrdaya Samhita« (etwa 7. Jahrhundert n. Chr.) sind. Verschiedene Autoren nahmen in späteren Perioden an den Texten noch einige Veränderungen vor, so daß auch einige neuere Fassungen vorliegen, die aber auch mindestens 1200 Jahre alt sind. Alle Ayurveda-Texte sind in Sanskrit verfaßt und können heute im Orginaltext von Schriftgelehrten studiert werden. Es gibt allerdings diverse Übersetzungen in die englische Sprache.

Die weltweite Verbreitung der ayurvedischen Wissenschaft geschah zum Großteil durch die buddhistischen Missionare. Diese vermittelten die Kenntnisse der ayurvedischen Medizin und der gesamten indischen Kultur weit über die Grenzen Indiens hinaus. Die damaligen Kulturnationen (wie das Römische Reich, Griechenland und China) fühlten sich von Indien angezogen. Es galt damals als das Zentrum der Gelehrsamkeit der Welt. Dies führte zu unverkennbaren Einflüssen der ayurvedischen Medizin auf viele alte Heilwissenschaften aus anderen Kulturen. So finden wir zum Beispiel viele Parallelen zwischen der Akupunktur und Akupressur Chinas und der ayurvedischen Marma-Therapie oder dem hippokratischen Eid und den Grundgedanken des Ayurveda.

Für unsere moderne westliche Kultur ist das Studium der klassischen Ayurveda-Werke und ihrer Entstehungsgeschichte deshalb von Bedeutung, da wir dann besser nachvollziehen können, welcher Gesellschaftsform und Lebensphilosophie das Ayurveda entstammt. Dies ist notwendig, um das darin enthaltene ewige Wissen für die westliche Kultur umzusetzen und in das eigene Leben in einer offenen, der modernen Lebenssituation angepaßten Weise zu integrieren.

Das Menschenbild im Ayurveda

Um den ganzheitlichen Behandlungsansatz des Ayurveda zu verstehen, ist es notwendig, das Bild des Menschen im alten Indien und sein Verhältnis zu Schöpfer und Schöpfung etwas näher zu betrachten. Viele therapeutische Maßnahmen der ayurvedischen Medizin haben ihren Ursprung in einem spirituellen und feinstofflichen Aspekt, der auf allen Ebenen des Seins (auch der grob-stofflich-materiellen Ebene) seine Wirkung zeigt.

Im ayurvedischen Weltbild gibt es keinen Widerspruch bzw. keine Trennung zwischen der rein geistigen, spirituellen Ebene und der hiesig sichtbaren, materiellen Welt. Gott ist und wirkt in allem, und seine Schöpfung arbeitet nach den gleichen Gesetzen. Durch alles, was wir Menschen tun, kann Gott wirken, und das Ziel des Lebens besteht darin, Gott in sich zu erkennen. Mit unserem freien Willen können wir uns entscheiden, Gottes Kind und Werkzeug zu sein und Ihm mit allen uns geschenkten Fähigkeiten in Liebe und Demut zu dienen.

Bei vielen Ayurveda-Ärzten, die ich kenne, habe ich diese Lebensphilosophie praktisch umgesetzt erlebt, und es berührt mich immer wieder zutiefst, mit wieviel Hingabe und Gottesvertrauen diese gelehrten und respektierten Männer in der Stille ihren göttlichen Dienst erfüllen. Ihrer Anschauung nach ist es vor allem Gott, der die Menschen von ihren Krankheiten heilt, und nicht der Arzt oder die Medizin.

Im folgenden möchte ich einen kleinen Überblick über die Philosophie der Veden geben und damit die wesentlichen Begriffe des ayurvedischen Menschenbildes einführen. Wichtig anzumerken ist hierzu noch, daß Ayurveda an keine religiöse Form gebunden ist und sich selbst als überkonfessionelle Wissenschaft und Weltanschauung versteht. Es ist allein bemüht, die ewigen Werte der Schöpfung darzulegen, die in allen Weltreligionen unter unterschiedlichen Namen wiederzufinden sind.

Brahman
· · · · · ·

Ursache und Urgrund allen Seins ist Gott. Aus Ihm heraus ist alles geschaffen was war, was ist, und was noch kommen wird. Das gesamte Universum, von der feinstofflichen Substanz des Geistes bis zum kleinsten Atom des rohen Steins, alles ist durch Ihn entstanden, und alles besteht aus Ihm. So ist Brahman unumschränkt gegenwärtig in allen Geschöpfen und Objekten. Brahman ist zugleich Ursache und Wirkung, ist Geist und Materie. Brahman wird verstanden als das Eine, aus dem die Vielheit hervorgeht, und gleicherweise als die Vielheit, in der die Einheit enthalten ist. Brahman besitzt weder Persönlichkeit noch Seele oder Geist, ist all dies Selbst – Er steht hinter allem und ist in allem. Brahman ist absolut, Er steht jenseits von allem Wirken und Wissen, jenseits von Raum und Zeit. So ist Brahman nicht nur der Gott, von dem man sich »kein Bilde machen soll«, sondern schlicht »Etwas«, von dem man sich aufgrund seiner Erhabenheit einfach kein Bild machen kann, d. h., mit dem menschlichen Verstand ist Brahman unfaßbar. Nur durch die Vereinigung, die Erkenntnis der untrennbaren Einheit mit Ihm, kann Brahman erfahren werden. Selbst die Ihn beschreibenden Attribute von *Sat-Chit-Ananda* (Sein, Bewußtsein, Glückseligkeit) können nur ein Versuch sein, sich seiner Natur anzunähern. *Sat*, das Sein, beschreibt Brahman als absolute Existenz. Das bedeutet, daß Gott vollständig manifestiert ist in allem, was existiert. So kann es außer Ihm keine zweite Realität, keine zweite Wirklichkeit geben. *Chit* bezeichnet Gott Brahman als absolutes Bewußtsein, denn, was wäre Sein ohne die Möglichkeit der Erkenntnis darüber. Da in Brahman das Bewußtsein das Sein vollständig erkannt und durchdrungen hat, entsteht daraus Ananda, die höchste Freude oder Glückseligkeit. Und Brahman symbolisiert sie in seiner absoluten und reinsten Form. *Ananda* ist die Kraft der Liebe, mit der Gott alle Wesen durchdringt und die zu erleben letztendlich das Ziel all unserer Handlungen ist. Ananda ist unser Wegweiser zu Gott und dem richtigen Handeln, denn wenn wir absolut glücklich sind – was gibt es dann noch zu wünschen?

Atman – Die unvergängliche Seele

Atman bezeichnet die individuelle, gottgleiche Seele, die ihrem Wesen nach mit Brahman identisch ist. Daher existiert sie ebenfalls jenseits der Begrenzungen durch Raum und Zeit und ist ewig. Auch in ihrem Bewußtsein ist sie über Vergangenheit, Gegenwart und Zukunft erhaben. Sie ist die Manifestation Gottes in jedem individuellen Wesen und umgibt sich, dem göttlichen Gesetz von Ursache und Wirkung folgend, mit verschiedenen Hüllen (*Koshas*), die sie mit Bewußtsein erfüllt. Dadurch wird sie selbst vorübergehend in ihrem Bewußtsein und Ausdruck eingeschränkt, bleibt aber dennoch die ganze Zeit über untrennbar mit Gott verbunden.

Die eigentliche Natur Atmans ist Sat-Chit-Ananda, und es ist das Ziel von *Yoga*, sie von allen Schleiern und Täuschungen (Maya) zu befreien, um wieder ganz im göttlichen Bewußtsein leben zu können, um die untrennbare Einheit von Atman und Brahman wieder zu erfahren. Das ist der Zustand der Glückseligkeit, der aus vollständiger Bewußtheit und umfassender Erkenntnis der absoluten Wirklichkeit entspringt.

Purusha und Prakriti

Das Prinzip der Urnatur und der schöpferischen Allmacht Brahmans wird *Prakriti* genannt. Prakriti ist wie ein unendliches Gefäß, in dem die ganze Welt mit allen möglichen Erscheinungsformen – von der gröbsten Materie bis zum Stoff des Geistes – enthalten ist. Das Prinzip des allgegenwärtigen belebenden Geistes wird *Purusha* genannt.

Nach der vedischen Philosophie entsteht das Universum aus der Vereinigung dieser beiden Urkräfte oder Prinzipien, die von Brahman untrennbar sind. Sie sind ein unendlicher Quell, aus dem heraus sich die Natur manifestiert.

Maya

Prakriti wird auch als Maya bezeichnet. Maya heißt wörtlich übersetzt »abgemessen«. Maya wird oft etwas irreführend als »Illusion« wiedergegeben. Der Yogi versucht, sich von Maya zu befreien, denn Maya ist es, die ihn an diese Welt fesselt. Sie bindet die Seele an die Materie und stärkt die Identifikation des individuellen Selbst mit den vielen Objekten und Wünschen der »abgemessenen« Welt. Diese »abgemessene« Welt ist an sich keine Illusion, kein Schein oder Unwirklichkeit, sie ist absolut real und meßbar (siehe Sat-Chit-Ananda). Glaubt der Mensch jedoch, diese »abgemessene« Welt Maya sei das einzige, was existiert, dann sieht er nur einen Teil des Ganzen und ist somit einer Illusion erlegen. Er lebt in einer Welt des

Scheins, denn nur Gott Brahman gibt ihm und der Welt die Kraft zu existieren.

Solange der Mensch Prakriti untersteht, glaubt er, daß das, was ihn ausmacht, sein Körper sei. Unser Ego identifiziert sich mit den Formen von Prakriti. Die vermeintliche Trennung zwischen der individuellen Seele Atman und Gott Brahman ist noch nicht überwunden.

Gelingt es ihm, diese Täuschung zu überwinden, ist er frei und entlassen aus dem mit Maya verbundenen Kreislauf von Geburt und Tod. Der befreite Mensch muß nicht mehr wiedergeboren werden, denn er ist Prakritis Macht nicht mehr unterworfen.

OM – Die Silbe der Schöpfung

Die allmächtige Kraft Gottes, die Natur Prakriti, ergänzt durch Purusha, offenbart sich in der Welt zuerst als Schwingung, als ein besonderer Ton: Als das AMEN oder OM. Dieser Urton ist die Ursache aller sichtbaren und unsichtbaren Ebenen des Universums. OM ist die Ursilbe, die das Reich Brahmans in Schwingung versetzt und dadurch die potentielle Energie der Schöpfung, alle ihre Elemente und Atome zur Manifestation bewegt. Im Evangelium des Johannes ist dieser Schöpfungsakt folgendermaßen beschrieben: »Im Anfang war das Wort, und das Wort war bei Gott, und Gott war das Wort. (...) Alle Dinge sind durch dasselbe gemacht, und ohne dasselbe ist nichts gemacht, was gemacht ist. (...) Und das Wort ward Fleisch und wohnte unter uns.« (Joh. 1,1; 1,3 und 1,14)

In der Philosophie der Veden hat OM verschiedene Ausdrucksformen: Einmal drückt sich OM als Klang oder Wort aus, weiter als die Vorstellung von etwas Wandelbarem, nämlich der Zeit Kala, dann als die Vorstellung von etwas Teilbarem, dem Raum Descha, und infolgedessen als Partikel oder zahllose Atome. Alle vier Erscheinungsformen – Wort, Zeit, Raum und Atom – sind daher ein und dasselbe und substantiell nichts anderes als eine Projektion bzw. Ausdrucksform von Brahman, dem allmächtigen Vater.

Die Gunas

Prakriti, die Urnatur, aus der alles Sein entspringt, besteht aus drei Grundprinzipien oder Kräften, den drei sogenannten Gunas: *Rajas*, *Tamas* und *Sattva*. Am Anfang eines Schöpfungszyklus befinden sich Rajas, Tamas und Sattva in einem harmonischen Kräfteverhältnis zueinander, das dann zunehmend in ein Ungleichgewicht gerät. Aus der Folge dieser Disharmonie bildet sich, in unendlichen Kombinationen dieser drei Kräfte, das Universum heraus. Es manifestieren sich in endloser Vielfalt alle sichtbaren und unsichtbaren Stoffe dieser Welt.

Die drei Gunas bilden in ihren mannigfaltigen Verbindungen alle feinstoffliche, organische und anorganische Materie – Steine, Pflanzen, Tiere und den Menschen mit all seinen groben und feinen Hüllen. Alles, vom Knochen bis zu seiner feinsten Denksubstanz *(Chitta)*, ist aus Prakriti und ihren drei Eigenschaften, den Gunas, geschaffen.

Welche Eigenschaften haben diese drei Urprinzipien?

Sattva ist das Prinzip der Reinheit, Harmonie und der Ausgeglichenheit; Rajas verkörpert Aktivität, Ruhelosigkeit und Unstetigkeit, und Tamas ist das Prinzip der Trägheit, Dunkelheit und Passivität. Für ein glückliches und erfülltes Leben muß Sattva als Harmonie- und Reinheitsprinzip über die beiden anderen Gunas dominieren.

Falls aber Tamas, die Trägheit, vorherrscht, kann diese durch Rajas, das Aktivitätsprinzip, überwunden werden. Rajas selbst kann direkt durch Sattva ausgeglichen werden und somit die Harmonie als eigentlicher Urzustand wiederhergestellt werden.

Insgesamt aber hat jedes Guna seine eigene Wichtigkeit und durch die unendlichen Kombinationsmöglichkeiten dieser drei Kräfte seinen Anteil an der Vielfältigkeit der Schöpfung. So ist alles, was existiert, schließlich durch eine einzigartige Zusammensetzung der Gunas charakterisiert.

Kapitel 2

Grundbegriffe der ayurvedischen Medizin

Als Wissenschaft vom langen Leben befaßt sich Ayurveda mit allen Aspekten des Lebens. Es untersucht, was das Leben fördert und was ihm schadet sowie die Beschaffenheit und Größe dieser Einflüsse. Durch die Betrachtung der inneren und äußeren Einflüsse, die einen Menschen umgeben, können wir die Verbindung von Körper, Geist und Seele beeinflussen. Dies zeigt seine positiven Auswirkungen in der Lebenslänge und -qualität sowie in der Gesundheit und dem Glück des einzelnen.

Wenn wir uns das Bild eines Baums vorstellen, könnte man die Wurzel des Ayurveda als die Kenntnisse der Schöpfungsgesetze und die daraus erwachsenen Lebensweisheiten bezeichnen, den Baumstamm als die daraus entsprießenden Erkenntnisse der Lebensführung und die Äste als die verschiedenen Richtungen der Heilkunst.

Im Gegensatz zur westlichen Medizin steht im Zentrum dieses vielschichtigen Heilsystems die Gesundheit, die unmittelbar im Einklang mit einem spirituellen Wachstum gesehen wird. Gesundheit ist im Ayurveda eine der wichtigsten Voraussetzungen zur Erfüllung des höheren Zwecks unseres Daseins – die Erkenntnis (Chit) unserer wahren Natur (Sat) und dadurch das Verwirklichen der Glückseligkeit (Ananda).

Therapieformen im Ayurveda

Im Ayurveda werden Krankheiten nur als Störung der natürlichen Gesundheit betrachtet. Ziel des Ayurveda ist es, die Gesundheit zu erhalten oder wiederherzustellen und das Wachstum des Individuums zu fördern. Liegt eine Krankheit oder ein Defizit vor, wird dieses nicht vordergründig bekämpft, sondern durch die Stärkung des Gesunden und Intakten überwunden. Mit dieser positiven und lebensbejahenden Einstellung versucht Ayurveda immer, das innere Gleichgewicht und die geistigen Entwicklungsprozesse zu fördern. Dazu muß aber die Arbeit am täglichen Leben und an der Heilung alle Ebenen des Seins umfassen, weswegen in der ayurvedischen Medizin neben der Wissenschaft auch der Glaube und die Philosophie eine wesentliche Rolle spielen. Die Integration dieser Geisteswissenschaften kommt besonders deutlich in den einzelnen Therapieformen zum Ausdruck, die den ganzheitlichen Heilungsansatz im Ayurveda deutlich aufzeigen. Diese verschiedenen Therapieformen werden der individuellen Persönlichkeit entsprechend zusammen angewendet, um das Therapieziel der vollständigen Gesundheit zu erreichen:

- *Daiva vyapasraya*, die spirituelle Therapie, die hauptsächlich aus dem Wiederholen von Mantren, Gebeten, der Einhaltung von ethischen Geboten, positiven Gedanken und dem Tragen von Edelsteinen besteht
- *Sattvajaya*, die psychische Therapie
- *Yukti vyapasraya*, die rationale Therapie, d. h. die An-

wendung von Diäten, Arzneien und Physiotherapie im weitesten Sinne. Sie besteht wiederum aus drei Zweigen:

- *Nidana Parivarjanam*, dem Vermeiden der Krankheitsursachen
- *Samsamanam*, der lindernden (nicht ursächlichen) Behandlung
- *Samsodhanam*, der radikalen oder umfassend krankheitsbeseitigenden Therapie

Die acht Fächer der ayurvedischen Medizin

Von alters her wird die ayurvedische Medizin in acht Fächer gegliedert. Alle Fächer haben das Ziel, die Gesundheit des Menschen zu erhalten, die Gesellschaft vor Krankheiten und Epidemien zu schützen und der Seele Frieden und Erlösung zu schenken.

Die acht Fächer der ayurvedischen Medizin lauten:

1. Allgemeine Medizin *(Kayacikitsa)*

Die Heilmethoden und therapeutischen Maßnahmen der allgemeinen und inneren Medizin sind die heute am meisten praktizierten und bekanntesten Formen im Ayurveda. Neben der Ursachen- und Symptomforschung beinhaltet die allgemeine Medizin alle reinigenden und aufbauenden Behandlungsweisen (Panchakarma, Rasayana) sowie die Pflanzenheilkunde und individuelle Ernährungs- und Verhaltensempfehlungen. Die in diesem Buch

beschriebenen Behandlungsformen, Techniken und Empfehlungen werden großteils zu diesem Ayurveda-Zweig
gezählt.

2. Kinderheilkunde, Pädiatrie *(Balacikitsa)*
Dieser Zweig befaßt sich mit der Pflege des Kindes im
Mutterleib, nach der Geburt und in seinen ersten Lebens-
jahren. Der Gesundheit und Zeugungsfähigkeit der Eltern und dem Verhalten der Mutter während und nach
der Schwangerschaft werden im Ayurveda große Bedeutung für die physische und psychische Beschaffenheit des
Kindes beigemessen. So werden diese gesundheits- und
konstitutionsbildenden Aspekte stark berücksichtigt und
behandelt.

3. Psychiatrie *(Bbutavidya)*
Zur Beseitigung oder Linderung von seelischen Störungen und Geisteskrankheiten werden vor allem die spirituellen und psychischen Therapien praktiziert. Zudem gibt
es im Ayurveda eine ausgereifte Pflanzenheilkunde und
Ernährungslehre für die Krankheiten der feinstofflichen
Ebenen des Menschen.

4. Krankheiten des Kopfes und der Augen, Hals-, Nasen-, Ohrenheilkunde *(Salakyatantra)*
In den klassischen Schriften des Ayurveda werden 72
Krankheiten des Kopfes beschrieben, die in dieser medizi-
nischen Ausrichtung ganzheitliche Behandlung erfahren.

5. Chirurgie *(Salyatantra)*
Dies ist die Lehre der operativen Behandlung von krank-

haften Störungen und Veränderungen des Organismus. Der bekannteste und älteste chirurgische Ayurveda-Arzt war Susruta, der schon zu seinen Lebzeiten (ca. 100 v. Chr.) schwierige Operationen im Bauch, am Kopf und an den Organen vorgenommen hat.

6. Toxikologie *(Agadatantra)*
Ayurveda sieht die Verschmutzung von Luft, Wasser und Erde als Ursache für verschiedene Epidemien und für den Zusammenbruch der Zivilisation an. Die Toxikologie befaßt sich mit pflanzlichen, mineralischen und tierischen Giften und der Vergiftung des menschlichen Körpers.

7. Die Wissenschaft der Verjüngung, Altersheilkunde *(Rasayana)*
Die Verjüngungstherapien des Ayurveda beinhalten die Herstellung von Pflanzenpräparaten, Krankheitsverhütung und eine zellerneuernde Ernährungs-, Lebens- und Verhaltensweise. Entscheidend für den verjüngenden Therapieverlauf im Körper ist die geistige Erneuerung, die durch bestimmte Meditations- und Atemübungen gefördert wird.

8. Sexualheilkunde *(Vaijikarana)*
Hier ist das Ziel, durch spezielle Aphrodisiaka die sexuelle Vitalität und Potenz des einzelnen zu stärken. Die Therapien des Rasayana und Vaijikarana sind eng verwandt und werden häufig gemeinsam eingesetzt.

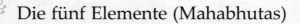

Die fünf Elemente (Mahabhutas)

Nach der Lehre des Ayurveda sind Mikro- und Makrokosmos eins, und sowohl der menschliche Körper als auch Nahrungsmittel oder Medikamente lassen sich auf die fünf Elemente (Mahabhutas) zurückführen. Der Mensch, der mit seiner grob- und feinstofflichen Zusammensetzung, den sogenannten Panchamahabhutas, dieselben Bausteine wie das Universum enthält, versinnbildlicht ein mikrokosmisches Abbild des Makrokosmos: Alle Eigenschaften des Universums sind im Menschen enthalten, und umgekehrt enthält auch das Universum sämtliche Eigenschaften des Menschen.

Die fünf Mahabhutas stellen verschiedene Wirkprinzipien der erlebbaren Manifestation auf der materiellen und feinstofflichen (geistig/emotionalen) Ebene dar und werden in die folgenden Elemente unterteilt:

- Akasha *(Äther/Raum)*
- Vayu *(Luft)*
- Agni *(Feuer)*
- Jala *(Wasser)*
- Prithivi *(Erde)*

Akasha

Das Raumprinzip des Äthers wird charakterisiert durch das Fehlen von Widerstand und durch seine weichen, leichten, feinen, glatten, durchdringenden und durchscheinenden Eigenschaften. Das dem Äther zugeordnete Sinnesorgan ist das Hörorgan, und seine körperliche Manifestation sind die zahlreichen Hohlräume, die sich beispielsweise in Mund, Nase, Atemtrakt, Magen-Darm-Trakt, Brustraum, in den Kapillaren, den Lymphbahnen, Geweben und Zellen finden.
Von seiner körperlichen Wirkung her verursacht Akasha Porosität, Leichtigkeit und Weichheit im Körper.

Vayu

Vayu verkörpert das Element der Bewegung, das sich im menschlichen Körper in den größeren Bewegungen der Muskulatur, dem Herzschlag, dem Ein- und Ausatmen der Lunge, den Bewegungen der Magenwand, des Darms sowie den sensorischen und motorischen Impulsen des Nervensystems manifestiert. Die Eigenschaften von Vayu werden mit beweglich, leicht, kalt, rauh, fein, trocken und durchdringend benannt. Als Sinnesorgan fungiert der Tastsinn. Von seiner körperlichen Wirkung her verstärkt Vayu alle Arten von Bewegung, das Luft-Element und macht den Körper trocken, leicht und nicht klebend.

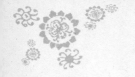

Agni

Die körperliche Wirkung von Agni ist die Verbrennung, die Verdauung, die Erhaltung der Körperwärme und die Versorgung der einzelnen Körperteile. Das Feuer-Element verleiht dem Körper Schönheit in Form seiner Ausstrahlung und manifestiert sich im Stoffwechsel sowie dem Denk- und Sehvermögen. Es zeichnet sich durch seine heißen, feinen, leichten, rauhen, nicht schleimigen, durchdringenden, trockenen, klaren und nach oben steigenden Eigenschaften aus.

Jala

Die körperliche Wirkungsweise von Jala besteht darin, den Körper klebrig, feucht und dicht zu machen sowie seine flüssigen Bestandteile zum Fließen zu bringen. Jala wirkt synthetisierend (aufbauend), bindend und das Gewebe erweichend. Es manifestiert sich in den Absonderungssäften der Verdauungsorgane und Speicheldrüsen, in den Schleimhäuten, im Plasma und Zytoplasma sowie in den Körpersäften Blut, Lymphe und Fett. Jala ist sinnlich wahrnehmbar durch das Geschmacksorgan und hat die Eigenschaften flüssig, ölig, kalt, langsam, schleimig, weich, feucht, träge und fließend.

Prithivi

· · · · ·

Das Erde-Element wird durch seine Eigenschaften als schwer, langsam, stabil, nicht schleimig, fest, grob, dicht, hart, träge und unbeweglich charakterisiert. Es ist verantwortlich für die Geruchsempfindungen, und als Sinnesorgan wird ihm das Riechorgan zugeordnet.

Prithivi macht den Körper stark, fest, schwer und hart. Es manifestiert sich in allen festen Strukturen des Körpers wie Knochen, Knorpeln, Nägeln, Muskulatur, Sehnen, Haut und Haaren. In seinen körperlichen Wirkungen unterstützt Prithivi das Wachstum und macht den Körper kompakt, fest und schwer.

Die drei biologischen Kräfte (Doshas)

Im menschlichen Körper manifestieren sich die fünf Elemente durch die Tri-Doshas. Den Begriff Dosha kann man als Bioenergie oder Körpersaft übersetzen.

Die Doshas Vata, Pitta und Kapha zeigen die verschiedenen Funktionsbereiche des menschlichen Körpers an. Jeder Mensch hat seine individuelle Zusammensetzung der Tri-Doshas. Aus dieser Konstellation wird seine Konstitution gebildet, die über seinen Körperbau, seine Charaktereigenschaften, Verhaltensformen und Krankheitsanfälligkeit bestimmt.

Elementare Anteile der Doshas und ihre Funktionen und Eigenschaften

Dosha	Mahabhutas	Funktion	Eigenschaften
Vata	Äther/Luft	Bewegung	trocken, kalt, flink, leicht, rauh, klar
Pitta	Feuer/Wasser	Umsetzung Verdauung	heiß, beweglich, flüssig, leicht, ölig, sauer, scharf
Kapha	Wasser/Erde	Stabilität	ölig, kalt, feucht, unbeweglich, schwer, weich, süß, schleimig

Jedes Dosha hat mit seinen untergeordneten Kräften (Subdoshas), einen bestimmten Bereich im Körper, wo es sich vorwiegend manifestiert.

Sthana bedeutet dabei, daß sich die Energie, das Dosha, an der richtigen, ihr zugeordneten Stelle befindet. Wenn ein Dosha nun diesen Ort verläßt, kann ebenfalls eine Störung entstehen. Die Bewegungen werden unterteilt in:

- *Urdhva*, nach oben gehend
- *Adhah*, nach unten gehend
- *Tiryak*, die Seitwärtsbewegung

Im folgenden werden die drei Doshas Vata, Pitta und Kapha einzeln betrachtet und ihre Eigenschaften und Unterarten beschrieben. Es soll auch gezeigt werden, was die einzelnen Doshas stört und wie sich die Folgen ausdrücken bzw. wie sie behoben werden können.

Vata
. . .

Vata ist das Bewegungsprinzip im menschlichen Organismus und setzt sich aus den Elementen Akasha (Äther) und Vayu (Luft) zusammen.

Vata ist eng mit dem Nervensystem verbunden und entspricht auch dem Geist- und Energiekörper. Sein Prinzip ist die Luftigkeit, die Beweglichkeit, und sein Hauptsitz im Körper ist unterhalb des Nabels im Bereich des Dickdarms. Die zugeordneten Attribute von Vata sind: leicht, beweglich, kühlend, trocken, rauh, schnell, veränderlich und fein.

Menschen, bei denen Vata vorherrscht, reden und bewegen sich schnell, sind unruhig, nervös und unstet. Sie können ungeduldig und unzuverlässig sein, aber auch sehr wach und aktiv. Diese Menschen haben eine rauhe, rissige Haut, Schuppen und brüchige, starre Haare und Fingernägel. Sie haben deutlich hervortretende Venen.

Von Vata gibt es, wie bei den anderen Doshas auch, fünf wichtige Unterarten:

- *Prana*: wirkt hauptsächlich im Bereich zwischen Kehlkopf und Zwerchfell, steuert die Atmung, den Schluckvorgang und unterhält den Herzschlag.
- *Udana* (»nach oben gerichtet«): wirkt vom Kehlkopf an aufwärts und steuert die Energie der Sinnesorgane. Es ermöglicht die Sinneswahrnehmung, trägt das Bewußt-

sein, das Gedächtnis und den Intellekt und regelt die Ausdruckshandlungen.

- *Samana* (»ausgeglichen«): befindet sich zwischen Herz und Nabel. Die Kräfte des Körpers und die der aufgenommenen Getränke und Speisen werden hier in ein Gleichgewicht gebracht. Samana hat somit eine zentrale Funktion bei der Verdauung und spaltet Nahrung in brauchbare und unbrauchbare Anteile auf.

- *Apana* (»nach unten gerichtet«): befindet sich vom Nabel an abwärts und bewirkt alle Ausscheidungsvorgänge wie Luftabgang, Harn- und Stuhlausscheidung, Samenerguß, Menstruation und Geburt.

- *Vyana* (»verteilt«): ist, wie die Übersetzung schon andeutet, über den ganzen Körper verteilt und ermöglicht die Muskeltätigkeit, steuert den Kreislauf und den Blutdruck sowie die Betätigung der Augenlider und das Gähnen.

Die Energie von Vata kann gestört werden durch: übermäßige körperliche bzw. geistige Anstrengung und Arbeit, sexuelle Ausschweifungen, Fasten, Rennen, Kämpfen mit einer stärkeren Person, andauernde Angstzustände, Sturz aus der Höhe, Schwimmen, elektrische Schläge, Tragen von zu großen Lasten, lange Reisen (egal ob auf dem Elefant oder im Zug/Auto), Schlafmangel, Essen von Speisen, die scharf, zusammenziehend, bitter, trocken (auch: getrocknet!), leicht oder kalt sind, Obst, unregelmäßige Nahrungsaufnahme und Essen, wenn die vorhergehende Mahlzeit noch nicht verdaut ist, Unterdrückung von Körperfunktionen wie Harn-, Luft- und Stuhlabgang, Niesen, Weinen und Erbrechen.

Als Symptome entstehen Schmerzen (aller Art), Störungen des Nervensystems bis ins Feinstoffliche: Neurologische und Geisteskrankheiten, Lähmungen, Empfindungslosigkeit bzw. Empfindungsstörungen (Haut/Sinnesorgane), Trockenheit an Haut und Schleimhäuten, trockener Stuhl, wenig Urin, Steifheit der Gelenke, Verrenkungen und Knochenbrüche, Unruhe und Schlaflosigkeit, unregelmäßige Agni-Tätigkeit, die zu Blähungen und Verstopfung (Vata sitzt im Dickdarm!) oder Schluckauf führen kann.

Wenn Vata zu sehr reduziert wird, kann daraus Schwäche, Dumpfheit, Apathie und Unbewußtheit entstehen. Die Schwäche kann so groß sein, daß keine offensichtlichen Symptome mehr entstehen können und der Betreffende kaum noch spricht. Außerdem können eigenartige Gliederbewegungen auffallen.

Vata ist sehr beweglich und kann dadurch auch Krankheiten, denen eine Pitta- oder Kapha-Störung zugrunde liegt, schnell und massiv verschlechtern.

Therapeutisch versucht man mit Substanzen und Arzneien zu arbeiten, die Vata ausgleichen können. Da Vata im Dickdarm sitzt, wendet man in der klassischen ayurvedischen Behandlung dazu oft Einläufe an.

Pitta

Pitta ist das Umsetzungsprinzip im menschlichen Organismus und setzt sich aus Agni (Feuer) mit einem kleinen Anteil Jala (Wasser) zusammen.

Pitta hat Verbindung zum Drüsen- und Enzymsystem

und damit zum Stoffwechselprinzip im Körper. Es befindet sich vor allem zwischen Herz und Nabel. Seine Attribute sind: heiß, scharf, flüssig, feucht, sauer, bitter, leicht, sich gut verteilend und plötzlich auftretend.

Menschen, bei denen Pitta überwiegt, sind hitzig, vertragen aber keine direkte Wärme. Sie haben gelbliche bis kupferfarbene Haut mit Falten und neigen zu Pickeln und früher Haarergrauung. Sie schwitzen viel und riechen dabei meist ziemlich stark. Der Pitta-Typ ist intelligent und hat ein gutes Gedächtnis, ist aber auch oft dominant in Gesprächen und Begegnungen. Diese Menschen sind meist unbeugsam (auch positiv: bei starker Belastung bleiben sie stabil) und selten ängstlich.

Die Subdoshas von Pitta sind:

- *Pachaka*: sitzt im Oberbauch und Dünndarm und stellt den Hauptteil der Verdauungskraft des Pitta. Es verdaut und spaltet die Nahrung in Nähr- und Schlackstoffe und unterstützt die anderen Pitta-Unterarten.

- *Ranjaka*: Dieses Pitta ist grellrot, und seine Aufgabe besteht darin, dem Verdauungsbrei (Rasa) die rote Farbe zu geben, also Nährstoffe ins Blut zu überführen und die Zusammensetzung des Blutes und die Entstehung der roten Blutkörperchen zu steuern. Ranjaka hat seinen Sitz hauptsächlich in der Leber und der Milz.

- *Sadhaka* (»erfüllend«, »vollfüllend«): befindet sich im Herzen und vertreibt Kapha/Tamas daraus. Es hilft dabei, religiöse Tugenden und Sehnsüchte zu erfüllen, und erzeugt Zufriedenheit, kann aber auch Ego-Strukturen reifen lassen.

- *Alocaka* (alocana = »Wahrnehmung«, »Sehen«): befindet

sich im Auge, hält das Sehvermögen aufrecht und ermöglicht den Ausdruck von Gefühlen mit den Augen.
* *Bhrajaka* (»leuchten«, »scheinen«): wirkt durch die Haut.
Es hilft, Öle, Cremes und andere auf die Haut aufgetra-
gene Substanzen aufzunehmen, und macht die »gesunde« Hautfarbe, den Teint. Es vermittelt außerdem die
»Ausstrahlung« einer Person, das Leuchten der Aura.

Pitta wird gestört durch:
Ärger, Zorn, Sorgen, Angst, Auszehrung, Speisen, die
scharf, sauer, salzig und heiß sind oder säuernd wirken
(auch: gestörte Verdauung, die zur Übersäuerung führt),
scharfe und erhitzende Öle, Öliges allgemein, Fleisch-
verzehr, alle Sauermilchprodukte, Alkohol und übermäßige Sonnenbestrahlung.
Aus dem starken Bezug von Pitta zum Verdauungs- bzw.
Enzym- und Hormonsystem und der Tatsache, daß Pitta
Agni, das Verdauungsfeuer, produziert, lassen sich die
zugeordneten Beschwerden herleiten:
Hitzewallungen und Fieber, entzündliche Prozesse aller
Art und starkes Brennen (kann am ganzen Körper auftre-
ten), starkes Schwitzen und übler Körpergeruch, übler
Geschmack im Mund und Trockenheit, großer Durst (auf
Kaltes), andauernder Hunger; der Bezug zum Sauren ma-
nifestiert sich in Geschwüren der Haut und Schleimhäute
(Verdauungstrakt), Sodbrennen, Durchfall und Übersäue-
rung der Körpergewebe.
Die Verbindung mit den Oberbauchorganen Leber und
Milz wirkt sich bei Störungen vor allem auf das Blut aus:
Verschlackung des Blutes, Blutvergiftung, Blutungen al-
ler Art sowie Hepatitis (Leberentzündung) mit Gelbfär-

bung der Haut. An der Haut finden wir außerdem noch Hautkrankheiten mit Farbveränderungen und Pigmentstörungen. Ist Pitta stark vermindert, können Sehstörungen und Sehschwäche, niedrige Körpertemperatur, Verdauungs- und Stoffwechselschwäche, Interesselosigkeit bis zum Erlöschen des inneren »geistigen« Feuers auftreten.

Die klassische Therapiemethode, um Pitta auszuleiten, ist das Abführen. Helfen und harmonisieren können auch: Speisen und Arzneien, die süß, zusammenziehend, bitter und kühlend sind, große Mengen an Flüssigkeit, Diuretika zur Ausleitung von Hitze und Säuren aus dem Körper, Ghee, sich umgeben mit einer ruhigen, entspannenden Atmosphäre (z. B. Parks, Waldseen, Orte mit kühler Feuchtigkeit) und ruhigen, angenehmen Menschen.

Kapha

Kapha repräsentiert das erhaltende und stabilisierende Prinzip im menschlichen Organismus und setzt sich aus den Elementen Jala (Wasser) und Prithivi (Erde) zusammen.

Kapha hat seinen Sitz oberhalb des Herzens im Oberkörper. Es trägt die Funktion des Lymph- und Immunsystems und ist über das Skelett und die Zellstruktur an der Formbildung des Körpers beteiligt. Seine Eigenschaften sind: süß, schwer, beständig, weich, kalt, ölig, fettig, träge, trüb und weiß. Menschen mit einem hohen Kapha-Anteil sind geduldig, schön, stark, selbstkontrolliert, vergebend, pflichtbewußt und nicht selbstsüchtig. Sie sind aufrichtig und konstant in ihren Beziehungen, aber manchmal auch etwas schwerfällig und langsam. Es sind Menschen mit wohlproportioniertem schönen Aussehen und kühler, oft bläulicher Haut. Oft neigen sie zu Übergewicht, Wasseransammlungen im Gewebe und innerem Phlegma.

Die fünf Subdoshas von Kapha sind:

- *Avalambaka* (»unterstützen«): befindet sich im Brustraum, hält diesen und die Lungen kräftig und in Form und unterstützt alle anderen Kaphas im Körper.
- *Kledaka* (»breiig«): sitzt im oberen Magen und verstärkt die wäßrigen Kräfte im ganzen Körper. Es hält die Magenschleimhaut feucht und hilft bei der Verdauung durch Anfeuchten und Trennen der Speisebestandteile. Oft manifestiert sich ein Übergewicht von Kapha zuerst hier.
- *Bodhaka* (»schmecken«): befindet sich in Zunge und Rachen und vermittelt die Geschmackswahrnehmung. Wenn Bodhaka geschwächt ist, ist die Aufnahmekontrolle gestört, was leicht typische Kapha-Krankheiten wie Fettleibigkeit, Allergien oder Diabetes zur Folge hat.
- *Tarpaka* (»nährend«): findet sich im Kopf. Es unterstützt die Funktion der Sinnesorgane, hält sie feucht (auch die Nebenhöhlen) und gibt Augen, Ohren und Nase eine schöne Form.
- *Slesaka* (»zusammenhaften«): befindet sich in den Gelenken und hält sie zusammen, schmiert sie und schützt sie vor Überlastung.

Kapha wird gestört durch:

Schlaf während des Tages, Bewegungsmangel, trägemachende Gewohnheiten, Speisen, die süß, sauer, salzig, kalt, schwer, schleimig und schlackstoffhaltig sind, Joghurt, Milch, Ghee, Fette, Wein, Zuckerprodukte, Fleisch von Sumpf- und Wassertieren, Überessen, Essen, wenn die vorhergehende Mahlzeit noch nicht verdaut ist, unverträgliche Kombinationen (führen zur Verschlackung), Leben in feuchter Umgebung (an Flüssen, in Kellerräumen etc.).

Die Beschwerden, die durch ein gestörtes Kapha entstehen, entsprechen im wesentlichen den Folgen eines entgleisten und überlasteten Lymph- und Immunsystems: Trägheit, Dumpfheit, Schläfrigkeit bis zur außerordentlichen Müdigkeit, viel Schlaf, Schweregefühl, Appetitlosigkeit und Verdauungsschwäche, Verlust der Körper- und Widerstandskräfte, Schwindel mit Übelkeit, Frösteln und Kälte der Glieder, Herzkrankheiten, Erbrechen, Zungenbelag, starkem Speichelfluß und süßlichem Geschmack im Mund, (chronischem) Schnupfen oder Bronchitis, Fettleibigkeit, Ausschlägen und Jucken am ganzen Körper, weißem Urin und Stuhl. Bei einem Mangel an Kapha können die Symptome denen einer Pitta-Störung sehr ähneln: Trockenheit des Körpers, Brennen, Leeregefühl im Magen, großer Durst, Verstopfung, Schwäche und Schlaflosigkeit sowie lockere Gelenke (Knacken!).

Therapeutisch werden Speisen, die scharf, zusammenziehend, bitter und trocken sind, eingesetzt. Insgesamt ist eine Diätkost mit stark reduziertem Fettanteil notwendig. Die Einnahme von Honig, Fasten, ein körperliches Bewegungsprogramm, heiße Bäder und verlängertes Wachbleiben helfen ebenfalls, ein überhöhtes Kapha zu dämpfen.

Das Verdauungsfeuer (Agni)

Als einen weiteren Faktor für den gesunden Aufbau des Körpers und Stoffwechsels wird im Ayurveda das Verdauungsfeuer *Agni* angesehen.

Agni wird von Pitta produziert und hat seinen Hauptsitz im Oberbauch. Als »Lebensfeuer« ist es jedoch auch in jeder Zelle vorhanden. Dieses Feuer ist für alle Lebensfunktionen unentbehrlich, und wir müssen es hüten wie das »Ewige Licht« an einem Altar. Agni gibt dem Körper seine Wärme und hilft mit seiner Hitze, aufgenommene Speisen aufzuschließen und Krankheitserreger zu verbrennen. Es hat also eine zentrale Bedeutung für alle Stoffwechsel- und Lebensprozesse, was oft erst dann auffällt, wenn es aus dem Gleichgewicht geraten ist. Seine Eigenschaften sind: heiß, trocken, leicht, klar, wohlriechend und rein.

Auch von Agni gibt es drei Unterarten, die aufgezählt werden sollen, um die Bedeutung von Agni zu verdeutlichen:

- *Jathragni*: befindet sich im Bereich von Magen, Leber und Zwölffingerdarm. Es scheidet den wertvollen Teil der Nahrung von dem für den Körper unbrauchbaren und steuert so die Verdauung und Assimilation. Es ist das Hauptagni, da die beiden anderen von seiner Vorarbeit abhängig sind.
- *Dhatvagni*: entzieht dem wertvollen Teil der Nahrung die Essenz, um sie den Dhatus, den Körpergeweben, zur Verfügung zu stellen.

- *Bhutagni*: hat zur Aufgabe, die einzelnen Elemente (Bhutas) so umzuwandeln, daß sie für die Dhatus und den Körper eine verwertbare Struktur bekommen. Dies geschieht im molekularen, submolekularen und energetischen Bereich – so ist Bhutagni in jeder Zelle anzutreffen, vor allem in der Leber.

Vom Energieniveau gibt es ebenfalls unterschiedliche Zustände, in denen das Verdauungsfeuer brennen kann: stark, schwach, gleichmäßig und ungleichmäßig. Menschen mit einem starken Agni vertragen nahezu alle Ernährungsweisen, wohingegen bei schwachem Agni die Verdauungskraft fast völlig daniederliegt und sich viele Schlacken bilden können. Brennt das Verdauungsfeuer gleichmäßig, wird es von einer unangemessenen Ernährungsweise nur beeinträchtigt; brennt es schwach, wird die Ernährung zum Glücksfall, und nur eine ausgesuchte Diät kann dann noch Stabilität bringen. Aber genau diese Stabilität in unsere Stoffwechselvorgänge zu bringen und das Auftreten von Schadstoffen und Schlacken soweit wie möglich zu reduzieren, ist schließlich die letzte und wichtigste Aufgabe von Agni.

Die Abfallprodukte und Ausscheidungen
(Mala und Ama)

Mala

Unter *Mala* versteht man die Abfallprodukte des menschlichen Körpers. Es sind Bestandteile, die ständig aus dem Körper ausgeschieden werden. Dazu gehören die grobstofflichen (*Sthula*) wie Stuhl, Urin und Schweiß, sowie die feinstofflichen Abfallprodukte (*Sukama Mala* oder *Kleda*), die der Körper über Haut, Augen, Nase, Mund, Ohren und Geschlechtsorgane ausscheidet. Die ayurvedische Medizin schenkt der Betrachtung der Malas große Aufmerksamkeit, da Gesundheit von der richtigen Eliminierung der Abfallprodukte abhängt.

Ama

Ama heißt wörtlich »nicht gekocht« und soll bedeuten, daß Teile unserer Nahrung nicht oder nicht ausreichend von Agni transformiert worden sind und so keinen Eingang in den Stoffwechsel- und Energiekreislauf der Dhatus gefunden haben. Da sie sich aber dennoch im Körper befinden, stellen sie eine Belastung für ihn dar und können deshalb als Schlacken bezeichnet werden. Schlacken können sowohl verdauungsbedingt als auch als nicht vernichtete und abtransportierte Zellgifte und -trümmer anfallen. Sie können sich nun, selbst eine Störung darstellend, mit jedem Dosha verbinden und so den Grad der Belastung oder der Krankheit erhöhen. *Das wird als* Sama *(»mit Ama«) bzw.* Nirama *(»ohne Ama«) bezeichnet.*

Da Ama kalt, feucht, schwer, trübe, übelriechend und unrein ist, hat es dem Agni diametral entgegengesetzte Eigenschaften und vermag es somit in seiner Tätigkeit stark einzuschränken, gleichgültig mit welchem Dosha es verbunden ist. Das führt aber wiederum dazu, daß sich noch mehr Ama bilden kann, wenn diesem Kreislauf kein Ende gesetzt wird.

Wenn aber Agni völlig unterdrückt wird oder alle drei Doshas gleichzeitig gestört sind, liegt meist ein so schweres Krankheitsbild vor, daß es zwar noch gelindert, aber nur sehr selten geheilt werden kann. Insgesamt kann Ama die Zeichen des gestörten Doshas verstärken oder sie seinen eigenen Eigenschaften entsprechend verändern.

Bei der Therapie einer Erkrankung, an der Ama beteiligt ist, steht die Reinigung an oberster Stelle, d. h., zuerst wird der Sama-Zustand in einen Nirama-Zustand umgewandelt, und dann erst ist Heilung und Wiederaufbau der Kräfte möglich. Das geschieht einerseits über die Anregung von Agni und andererseits über die Ausscheidung von Ama, wobei die Entschlackungsmaßnahmen immer von dem mitgestörten Dosha abhängig sind. Fasten, eine nicht belastende Diät und Arzneigaben können diesen Prozeß unterstützen – am besten ist es jedoch, durch eine dem eigenen Konstitutionstyp entsprechende, angemessene und moderate Lebensweise derartige Belastungen so gering wie möglich zu halten.

Die sieben Körpergewebe (Dhatus)

Der menschliche Körper besteht aus verschiedenen Körpergeweben, die im Ayurveda Dhatu genannt werden. Dhatu bedeutet »aufbauendes Element«. Dies bezieht sich hier auf unseren Körper.

Ayurveda beschreibt sieben Grundbausteine des menschlichen Körpers, verschiedene Gewebearten, die sich letztendlich alle aus den fünf Bhutas, den grobstofflichen Elementen zusammensetzen. Diese Dhatus existieren aber nicht nur nebeneinander im Körper; es wird sogar detailliert beschrieben, wie sich aus der Nahrung unter der wiederholten Einwirkung von Agni, hier Dhatvagni *(Dhatu-Agni)* genannt, nacheinander die einzelnen Dhatus entwickeln. So wird jedes Dhatu durch Agni in drei Teile gespalten: einen gröberen und einen subtileren Anteil (Sara, Essenz) sowie einen Abfallanteil. Der Abfallanteil wird ausgeschieden, der gröbere unterhält das Dhatu, aus dem er sich entwickelt hat, und der feinstoffliche, subtile Anteil nährt das nächste Dhatu, in dem sich der eben beschriebene Prozeß wiederholt.

Die sieben Dhatus sind:

- *Rasa* (Plasma)
- *Rakta* (zellularer Blutanteil, rot)
- *Mamsa* (Muskel)
- *Meda* (Fettgewebe)
- *Ashti* (Knochen)
- *Majja* (Knochenmark)
- *Shukra* (Samen, Fortpflanzungsgewebe)

Aus Shukra wird eine feinstoffliche, ganz subtile Essenz abgesondert, *Ojas*, »das, was belebt«, die auf subtilster Ebene den grobstofflichen Körper energetisch unterhält und ihm Kraft und Gesundheit gibt. Wird dieser Ernährungskreis an irgendeiner Stelle gestört, können die folgenden Dhatus zunächst nicht gebildet werden, was sich spätestens über ein Fehlen von Ojas auch auf die Arbeit der vorangehenden negativ auswirkt. Die Essenzen in diesen vermehren sich dann, weil sie zu dem nächstfolgenden Dhatu nicht mehr weiterverarbeitet werden können. Deshalb ist es notwendig, diesen Zyklus durch reine Ernährung und angemessene Körperbetätigung störungsfrei zu halten und optimal mit Nachschub zu versorgen.

Betrachten wir diesen Kreislauf noch etwas genauer:

Aus der aufgenommenen Nahrung wird in den Oberbauchorganen als erstes Rasa (Plasma) hergestellt. Dabei fallen Urin und Stuhl als Abfallprodukte an. Nun wird Rasa in drei Teile gespalten: einen groben Anteil, der Rasa im Körper erhält und mit seinen Nährstoffen alle Systeme und Organe des Körpers grobstofflich ernährt. Der subtile nährt dann Rakta, das Blutgewebe, und der Abfallteil bildet Kapha, das in der Speiseröhre und den Bronchien nach oben wandert und abgeräuspert und ausgespuckt werden kann.

Rakta regelt die Oxydation in allen Geweben und hält so das Leben aufrecht. Der subtile Anteil nährt Mamsa, der grobe verbleibt und unterhält Rakta, und der Abfallanteil wird als Pitta, als Gallensäfte, Blutgifte und Gallensäuren ausgeschieden.

Mamsa bewegt den Körper (aktiver Bewegungsapparat)

und hält die Kraft des Körpers aufrecht. Der Abfallanteil wird über die Körperöffnungen ausgeschieden: Nasenschleim, Ohrenschmalz, Mund, Augen, Genitalien, etc. Meda unterstützt das Kapha-Prinzip und erhält alle Gelenke gleitfähig. Als Ausscheidungsprodukt entsteht Schweiß.

Asthi gibt als Knochen dem Körper Halt und Struktur. Als Abfall werden im Ayurveda die Haare und Nägel verstanden.

Majja ist das Knochenmark, aber auch das Nervengewebe füllt die Knochen und vermittelt Nervenimpulse. Als Abfall entstehen fettige Anteile im Ohrenschmalz, Stuhl und Hautfett (Talg). Shukra enthält als letztes Dhatu in der Reihe Bestandteile aller Gewebearten und dient der Fortpflanzung (bzw. kann ihr deswegen erst dienen). Es wird nur noch in zwei Anteile gespalten: einen groben, der als Shukra verbleibt, und einen subtilen, der Ojas bildet und den ganzen Körper belebt. An dieser Stelle wird der Hinweis der Yogis, mit der sexuellen Energie und dem Samen (bzw. dem Ei und den begleitenden Säften) sparsam umzugehen, weil dies die Vitalität steigere, auch auf der grobstofflichen Ebene deutlich.

Der Kreislauf von Ernährung und Transformation eines Dhatus in das nachfolgende dient der Aufrechterhaltung aller Körperfunktionen und der Gesundheit. Fehlt es an einem Baustein oder ist das Gleichgewicht zwischen Vata, Pitta und Kapha gestört, wirkt sich das unmittelbar auf das betroffene Dhatu aus. Da es sich hierbei um eine zusammenhängende Abfolge handelt, wirkt sich eine Störung auch auf die vorangehenden und folgenden Dhatus aus. Das macht sich zunächst nur in einer Verringerung der Vitalität und Lebensenergie bemerkbar – es wird meistens ja auch weniger Ojas hergestellt. Hält dieser Zustand länger an, ist Krankheit Folge einer Schwächung des Gesamtorganismus mit seinen vielfältigen Kreisläufen.

Deshalb ist eine reichhaltige, alle benötigten Nährstoffe in der richtigen Zusammensetzung enthaltende Ernährung die Grundvoraussetzung für einen gesunden Körper. Die Beobachtung der Körperfunktionen zeigt dann, wie der Organismus arbeitet, und die Ausscheidungen (Malas: Stuhl, Urin und Schweiß) ermöglichen noch einmal, die Stoffwechselprozesse und Verdauungsorgane zu kontrollieren, um so ein umfassendes Bild unseres Gesundheitszustandes zu erhalten.

Die Zirkulationskanäle (Srotas)

Neben der Beschaffenheit der Körpergewebe (Dhatus) ist auch die Funktionstüchtigkeit der Zirkulationskanäle *(Srotas)* für einen gesunden Körper von größter Bedeutung. Die 13 verschiedenen Kanalsysteme der Srotas bilden ein weitverzweigtes Kanalnetz im menschlichen Organismus, das der Nahrungsversorgung sowie der Reinigung des Körpergewebes dient. In einem gesunden Körper können die Körpersäfte durch die Srotas ungehindert fließen und sich gleichmäßig an den gewünschten Stellen verteilen.

Durch überschüssige Doshas, vermehrte körperliche Abfallprodukte (Mala) und unverdaute Nahrung (Ama) werden die Srotas in ihrer freien Zirkulation gestört und bilden nun Blockaden, die zu einer tiefgreifenden Beschädigung der körperlichen Substanz führen können. Alle äußeren Behandlungsmethoden der ayurvedischen Medizin dienen unter anderem dem Zweck, die Srotas wieder zu öffnen und von Blockaden zu befreien. Damit wird die Zirkulation der Körpersäfte wieder angeregt und die Voraussetzung für eine tiefgreifende Erneuerung und Entschlackung geschaffen.

Kapitel 3

Die Konstitutionslehre im Ayurveda

Einer der Kernpunkte der ayurvedischen Betrachtungsweise ist die Einzigartigkeit jeder Person – die individuelle Konstitution (Prakriti). Diese wird unterschieden in Sarira Prakriti, die physische, und Manasa Prakriti, die geistige Konstitution. Die physische Konstitution wird durch die drei Doshas (wörtlich: »Unreinheiten«) beschrieben. Die Doshas stellen hier die Kräfte oder biologische Prinzipien dar, die strukturelle, funktionale und qualitative Einheiten bilden und die Funktionen und den Aufbau des Körpers spezifisch steuern. Da die Doshas bei jedem Menschen in einem anderen Verhältnis zueinander vorliegen, können wir bei jedem eine einzigartige individuelle Konstitution beobachten. Diese kann von einem Dosha, von zweien oder von allen dominiert werden. Sie ist die Grundlage jeder therapeutischen Maßnahme oder Empfehlung und bestimmt, ob wir groß oder klein und stabil oder empfindlich sind, welche Neigungen und Abneigungen wir in unserem Lebensstil und der Ernährungsweise haben und zu welchen Krankheiten wir neigen.

»Gesund sein« heißt im Ayurveda immer, im inneren Gleichgewicht mit der eigenen Dosha-Konstitution zu sein. So fühlt sich Gesundheit für jeden Menschen auch ein wenig unterschiedlich an. Je nachdem wie seine inneren Kräfte verteilt sind, fühlt sich der eine in einem sehr beständigen und ausgeglichenen Körper- und Lebenszustand äußerst wohl, und der andere braucht mehr Herausforderungen, Abwechslung und Bewegung, um sich innerlich und äußerlich in seiner Mitte zu befinden. In diesem Kapitel wollen wir genau untersuchen, wie sich die Doshas in uns auswirken können und wie wir unsere eigene Konstitution und ihre Störungen diagnostizieren können.

Im Ayurveda versteht man unter dem Begriff Diagnose eine ständige und aktuelle Überwachung der Wechselwirkung dieser verschiedenen Aspekte der individuellen Persönlichkeit. Die Gesundheit und Lebensfreude des Menschen hängen von dem Gleichgewicht seiner körperlichen (saririka), geistigen (manasika) und spirituellen (adhyatmika) Kräfte ab. Die perfekte Koordination und Harmonie des inneren Gleichgewichts wird als Gesundheit (Arogya) und die durch ein Ungleichgewicht ausgelösten Störungen werden als Krankheit (Roga) bezeichnet. Ziel der medizinischen Ayurveda-Diagnose ist es, die Entstehung und Entwicklung einer Krankheit der individuellen Konstitution zu erkennen und ihre Ursache zu beseitigen.

Um einen Menschen in seiner ganzen Vielschichtigkeit voll zu erfassen, bedient sich das klassische Ayurveda verschiedener Diagnosemethoden:

- Anamnese *(Prasna)*
- Pulsdiagnose *(Nadi)*
- das Abhören *(Sravana)* von Geräuschen des Darms, Brustraums und der Stimme

- das Abtasten *(Sparsana)* des Körpers
- die Betrachtung *(Darsana)* von Farben, Formen und Glanz des Körpers
- die Untersuchung *(Dhrana)* des Geruchs der Ausscheidungen und der Haut

Als Störung wird die Verschiebung des richtigen Verhältnisses und damit der Harmonie zwischen den einzelnen Doshas gesehen. Diese Störung kann durch äußere Einflüsse, durch die Lebensweise und schließlich auch durch psychische Prozesse erfolgen, wobei in der Regel das bei einer Person dominante Dosha am leichtesten zu stören ist. So können vom energetischen Standpunkt aus drei verschiedene Zustände eines Doshas unterschieden werden:

- *Vrddhi*, die Vermehrung
- *Ksaya*, die Verminderung
- *Samaya*, der Gleichgewichtszustand

Insgesamt spricht man im Ayurveda von sieben Konstitutionstypen, den drei reinen Vata-, Pitta- oder Kapha-Konstitutionen und den vier Mischkonstitutionen Vata-Pitta, Vata-Kapha, Pitta-Kapha, Vata-Pitta-Kapha.
Je gleichmäßiger die drei Doshas in unserer Grundkonstitution verteilt sind, wie z. B. bei der Tri-Dosha-Konstitution Vata-Pitta-Kapha, um so besser. Nun haben wir alle Kräfte in sehr ausgeglichener Weise in uns, und der Körperbau und die Persönlichkeit sind mit allen Gaben der Natur gleichmäßig beschenkt. Je extremer die Kräfteverteilung ausfällt, um so schwieriger gestaltet sich die

Grundkonstitution im täglichen Leben. So haben zum Beispiel Menschen mit einer Vata-Grundkonstitution von Kindheit an mit Blähungen, Kältegefühl und Nervosität zu kämpfen. Sind wir mit einer recht einseitigen Kräfteverteilung geboren, ist es für ein langes und gesundes Leben notwendig, generelle dosha-ausgleichende Maßnahmen zu ergreifen und diese für lange Zeit durchzuführen. Nur so kann die Grundkonstitution ausgeglichen und fundamental verbessert werden.

Generell kann man sagen, je ausgeglichener die Verteilung der Doshas von Grund auf in uns ist, um so stabiler, glücklicher und beschwerdefreier sind wir.

Es gibt bei uns ein Sprichwort, das lautet: »Ein Apfel fällt nicht weit vom Stamm«. Das kann man auch auf die Vererbung der Grundkonstitution beziehen. Die Doshas und ihre Störungen bei den Eltern zur Zeit der Zeugung sind entscheidend für die Grundkonstitution des entstehenden Kindes. Aus diesem Grunde gibt es im Ayurveda eine Fülle von Empfehlungen und praktischen Tips, die die Gesundheit und Substanz der Eltern vor der Zeugung des Kindes verbessern. Grundsätzlich zählt, je ausgeglichener das Dosha-Verhältnis beider Elternteile ist, um so besser ist auch die Qualität von Eizelle und Sperma.

Aus ayurvedischer Sicht tragen folgende Komponenten zur Entstehung der Grundkonstitution und Entwicklung des Kindes bei:

- die Konstitution von Eizelle und Sperma
- der Zeitpunkt der Zeugung
- die Ernährung, Bewegung und geistige Verfassung der Mutter während der Schwangerschaft

Die Pulsdiagnose (Nadi Pariksha)

Die Pulsdiagnose ist ein wichtiger Bestandteil der klassischen achtfachen Untersuchung eines Patienten *(Astavidha Pariksha)*. Sie ist eine Kunst und eine Wissenschaft zugleich und gibt dem geübten Ayurveda-Arzt präzisen Aufschluß über den derzeitigen Zustand der Doshas. Bei der Pulsdiagnose fühlt der Arzt ca. 30 Pulsschläge lang den arteriellen Puls des linken Arms des Patienten. Aufgrund von Volumen, Häufigkeit und Rhythmus des Pulsschlages werden die jeweiligen vorherrschenden Doshas und Subdoshas für den erfahrenen Arzt und Therapeuten erkennbar. Einen von Vata bestimmten Puls vergleicht man im Ayurveda mit der kriechenden Bewegung einer Schlange. Herrscht Pitta vor, wird der Puls mit der hüpfenden Bewegung eines Froschs verglichen. Steht das Kapha im Vordergrund, wird das vergleichende Bild eines sich ruhig bewegenden Schwans beschrieben.

Diese typischen Bewegungsarten des Pulses können allein oder in Kombinationen auftreten. Sie können sich konstitutionstypisch oder störungsbedingt äußern und reagieren sehr stark auf die vor der Diagnose erfolgte Aktivität. Aus diesem Grund wird als die beste Zeit der Pulsdiagnose der frühe Morgen empfohlen. Hier ist die präziseste Erfassung der körpereigenen Doshas möglich, ohne daß diese von verfälschenden Einflüssen wie der Witterung, Nahrungsaufnahme, körperlicher Anstrengung oder geistig-emotionalem Streß stark verfälscht werden können. Die Pulsdiagnose ist die präziseste, aber auch schwierigste Diagnosemethode. Um sie wirklich zu beherrschen, bedarf es einer sehr bewußten Wahrnehmungsfähigkeit und vielen Übens.

Die Konstitutionstypen im einzelnen

Der Vata-Typ

Menschen mit einem dominanten Vata-Dosha sind meistens sehr schlank, drahtig und kreativ. Sie haben einen sehr schmalen Körperbau und kleine, unauffällige Gesichter. Ihre Haut hat oft eine sehr trockene und schuppige Oberfläche, und so neigen Vata-Typen auch zu frühzeitiger Faltenbildung und Hautirritationen. Die vatatypischen Haare sind ebenfalls oft sehr fein, dünn und schuppig.

Vata-Typen denken, sprechen und handeln schnell und neigen zu spontanen und etwas unüberlegten Aktivitäten. Es gibt nichts Schlimmeres für einen Vata-Typ als langweilige, andauernde und stumpfsinnige Routineabläufe. So fangen sie viele neue Dinge begeistert an, und es fällt ihnen sehr schwer, diese dann konzentriert und zielgerichtet zu beenden.

Vata-Menschen verfügen über eine rasche Auffassungsgabe, eine starke Begeisterungsfähigkeit und einen unermüdlichen Schöpferdrang in ihrer kreativen Selbstentfaltung. Leider überkommt sie leicht das Gefühl, daß ihre mentalen Ideen die körperlichen Kräfte bei weitem übersteigen. So verausgaben sich Vata-Menschen sehr oft und fühlen sich anschließend innerlich ausgelaugt, überfordert und zermürbt.

Vata-Typen neigen zu Nervosität, Schlafstörungen, Kreislaufbeschwerden, Konzentrationsschwäche, trockener

Haut und innerem Streß. Sie reagieren sehr stark auf belastende Faktoren wie eine kalte, windige Witterung, ständigen Lärm, zu wenig Schlaf, Reisen und Nahrungsmittelzusätze wie Emulgatoren und Konservierungsstoffe. Die natürliche Affinität zu entspannender Bewegung (Spaziergängen, Yoga usw.) und warmer, weich anzufühlender Kleidung dient nun dem harmonischen Ausgleich der köperlichen und geistigen Kräfte.

Der Stoffwechsel des Vata-Typs ist sehr aktiv, und seine Verdauungskraft ist wechselhaft. Dies zeigt sich in einem unbeständigen Appetit und einer tiefgreifenden Abneigung gegen Routine in den täglichen Eßgewohnheiten. Manchmal kann ein Vata-Typ alle Speisen gut verdauen, doch oft leidet er unter Blähungen und kolikartigen Verdauungsbeschwerden. Spätestens, wenn ein Mensch mit einem hohen Vata-Anteil in inneren Streß kommt oder sich in einer fremden Umgebung befindet, reagiert er mit Verstopfung und Völlegefühl. Um dem wechselhaften Vata-Stoffwechsel mehr Stabilität zu verleihen, rate ich den betroffenen Menschen, auf eine ruhige und regelmäßige Lebensführung zu achten. Eine harmonische und liebevolle Umgebung und eine bewußte Haltung während des Essens sorgen für eine geregelte Verdauung. Vatadominierte Menschen frieren leicht und haben einen empfindlichen Darm. Hier helfen leicht-verdauliche und wärmende Speisen und etwas warme Milch mit Muskat vor dem Schlafengehen.

Menschen mit einem hohen Vata-Anteil sind insgesamt sehr wendig aber auch labil. Ihnen fehlt oft der Boden unter den Füßen und die Zielgerichtetheit ihrer Aktivitäten. Aus diesem inneren und ungreifbaren Chaos entstehen nun sehr viele ängstliche und sorgenvolle Gedanken, die dem Körper und Geist Kraft und Freude rauben können. Gedanken wie: »Ich schaffe es nicht«, »Ich bin zu schwach« oder »Ich habe zu wenig Zeit, Energie...« prägen das Selbstbild und schaffen im eigenen Leben sehr viel Streß und emotionalen Druck. Die Nerven sind wie Drahtseile gespannt, der Körper völlig erschöpft, aber durch den unruhigen Geist fällt es den Betreffenden schwer, sich zu entspannen oder auszuruhen. Äußere Ablenkungen wie Fernsehen, Telefonieren und planlose Aktivitäten sollen nun im täglichen Verhalten Abhilfe schaffen. Im Ayurveda wird dem Vata-Dosha eine besondere Aufmerksamkeit und Pflege geschenkt, da unsere moderne Zeit und Lebensgestaltung das Vata sehr stark beansprucht und erhöht. So leiden viele Menschen an diesbezüglichen Störungen und können durch eine richtige Ernährung und Lebenskunde direkte Hilfe und Lebensfreude erfahren.

Der Pitta-Typ

Menschen mit einem starken Pitta sind kraftvoll, energisch und leidenschaftlich. Sie sind entscheidungsfreudig, intelligent, willensstark und lieben die Herausforderung. Pitta heißt übersetzt »Galle« und entspricht den Elementen Feuer und einem kleinen Anteil Wasser. Seine körperliche Entsprechung hat das Pitta vor allem im Verdauungs- und Enzymsystem sowie in der gesamten Umsetzungskraft des Stoffwechsels.

Pitta-Typen zeichnen sich durch ihren schönen, kraftvollen und athletischen Körperbau, ihre rötliche, gut durchblutete Haut und ihre ausdrucksvolle charakterstarke Gesichtsform und Erscheinung aus.

Es sind feurig-heiße Persönlichkeiten, voller Begeisterung und sprudelnder Lebensenergie. Doch diese Hochspannung kann sich auch leicht in Wutausbrüchen oder zynischer Kritiksucht entladen. Menschen mit einem großen Pitta-Anteil sind meist sehr erfolgreich im Beruf oder Leistungssport, da sie stets die Besten sein wollen. Es liegt ihnen nicht, »halbe Sachen« zu machen, und so genießen sie in der Arbeit ihre eigene Stärke und Schaffenskraft. Da sie andere Menschen gerne dominieren und lenken, übernehmen sie auch bereitwillig verantwortungsvolle Positionen in Politik und Gesellschaft.

Normalerweise hat der Pitta-Typ ein sehr gutes Verdauungsfeuer, das sich durch starken Hunger und Durst, eine stabile Gesundheit und viel körperliche und sexuelle Energie bemerkbar macht. Wird das Pitta jedoch durch emotionale Anspannung oder Wut, große Hitze und den übermäßigen Genuß von Alkohol, Fleisch, Zucker und Auszugsmehl gestört, macht sich dies als erstes in einer schlechten Verwertung der Nahrung und einem ausgeprägten Vitalstoffmangel bemerkbar.

Menschen mit einer Pitta-Störung kämpfen als erstes mit Magenreizungen, Entzündungen, Sodbrennen, Hautunreinheiten, Durchfall und Kopfschmerzen. Ihr Stoffwechsel ist stark übersäuert, was häufiges Aufstoßen, Schwitzen und eine emotionale Reizbarkeit als Anzeichen für das innere Ungleichgewicht der Körpersäfte hervorbringt.

Da das Pitta-Dosha eine maßgebliche Rolle bei der harmonischen Bildung von Körpergewebe (Dhatus) und Verdauungsenergie spielt, wird im Ayurveda stets darauf geachtet, die Pitta-Energie im Gleichgewicht zu halten. Hierzu muß die richtige Mischung an Aktivität und Selbstverwirklichung sowie an ruhevollen Ausgleichstätigkeiten und Entspannung gefunden werden. Der wichtigste Satz für einen Pitta-Menschen heißt hierbei: »Du darfst...« (einmal ausflippen, faul sein, gewinnen wollen usw.), denn normalerweise »müssen« Pitta-Typen immer alles, und sie setzen sich ständig unter Druck, um die eigenen Ansprüche selbst zu erfüllen oder von anderen erfüllen zu lassen.

Der Kapha-Typ

Kapha-Typen sind sehr beständige, fürsorgliche, liebevolle und sicherheitsbewußte Menschen. Sie sind von Ihrer Konstitution her oft etwas langsam und neigen zu Beschwerden wie Übergewicht, Inflexibilität, innerem Phlegma sowie Entzündungen und Verschleimungen im Stirnhöhlen- und Lungenbereich.

Übersetzt heißt Kapha »Schleim«. Es entspricht den Elementen Erde und Wasser und ist im Körper durch das Lymph- und Immunsystem sowie den Knochenbau vertreten.

Die Verdauungskraft des Kapha-Typs ist relativ schwach, und so neigt der Stoffwechsel dazu, Verdauungsrückstände und Schlacken abzulagern. Aus diesem Grunde ist es auch für Kapha-Typen trotz allerlei Diäten besonders schwierig abzunehmen, und sie fühlen sich nach dem Essen oft müde und schwer. Manche Menschen entwickeln eine regelrechte Abneigung gegen innere Leichtigkeit und Entschlackung, statt dessen werden sie innerlich stur und festgefahren und pflegen althergebrachte Gewohnheiten.

Das höchste Ziel eines typischen Kapha-Menschen ist es, »zufrieden zu sein«; dafür schraubt er auch gerne seine Ansprüche etwas herunter. Das heißt, bevor er Wünsche entwickelt, die nicht erfüllt werden und somit zu einer Enttäuschung führen können, verdrängt er lieber diese Unruhefaktoren im eigenen Leben.

In der Regel sind Kapha-Menschen sehr gesund und belastungsfähig, denn sie verfügen von Natur aus über eine robuste Konstitution und ein starkes Immunsystem. Sie sind sehr ausdauernd und standfest, weshalb sie in Indien als erfolgreiche Geschäftsleute geschätzt werden. Ihre Handlungen sind wohlüberlegt und ihr Arbeitseinsatz langsam, aber stetig.

Kapha-Menschen lieben die täglichen Sinnesgenüsse. Sie sind für Luxus, Bequemlichkeit und gutes Essen sehr empfänglich. Dabei spielt jedoch die Quantität eine größere Rolle als die Qualität. Auf Streß, Ärger oder innere Konflikte reagieren sie gerne mit übermäßigem Futtern, Naschen und gespieltem Desinteresse. Dies zeigt sich dadurch, daß diese Persönlichkeitstypen richtig »abtauchen« und sich eine Art Schutzpanzer zulegen. Starke Gewichtszunahme und ein aufgeschwemmtes Haut- und Fettgewebe geben nun äußerlich Kunde von dieser Lebenshaltung.

Am frühen Morgen, späten Abend, im Frühjahr und bei

Frauen vor der Menstruation sind diese kapha-typischen Eß- und Verhaltensstrukturen besonders ausgeprägt. Um einer Kapha-Störung wie Müdigkeit, Depression oder Wasseransammlung im Gewebe vorzubeugen, sollten hier alle sehr süßen, schweren, salzigen und gebratenen Speisen gemieden und ein aktiver Lebenswandel gepflegt werden. Da Kapha-Menschen ein sehr liebevolles Herz haben und eine große Hilfsbereitschaft für soziale Zwecke entwickeln, ist dies eine schöne Gelegenheit, die eigene Persönlichkeit auszugleichen und neue Lebensfreude und Vitalität zu finden.

Liegt keine eindeutige Dosha-Ausprägung vor, spricht man von den sogenannten Mischkonstitutionen. Im Grunde genommen sind wir alle mehr oder weniger ausgeprägte Mischkonstitutionen, denn wir alle tragen die Anlagen der unterschiedlichen Doshas in uns. Diese zeigen sich je nach ihrer Verteilung auf die unterschiedlichste Weise auf körperlicher, geistiger und emotionaler Ebene. Je gleichmäßiger sich die Doshas in uns verteilen, um so vielseitiger ist unser Erfahrungsbereich und unser Erlebnisspektrum mit den Doshas. Viele der oben beschriebenen Verhaltensweisen und Persönlichkeitsstrukturen werden dann ihren Ausdruck in der Lebensform des einzelnen finden.

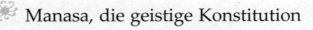

Manasa, die geistige Konstitution

Neben der körperlichen Konstitution, die durch die Doshas gebildet wird, ist im Ayurveda die geistige Konstitution, die sich an den Qualitäten der drei Gunas orientiert, von großer Bedeutung. Die geistigen Konstitutionen beschreiben den geistigen Entwicklungsstand und die grundlegende Gemütsverfassung des Menschen. Diese haben bei den spirituellen und psychischen Therapieformen besonders großen Einfluß auf die Behandlungsweisen.

Die drei Gunas Sattva, Rajas, und Tamas beschreiben spirituelle Gemütszustände und geistige Qualitäten, die vor allem im Feinstofflichen ihren Ausdruck finden. Jede dieser drei Gruppen besteht außerdem aus mehreren Untergruppen:

- *Sattvika*: freundlich, großzügig, vergebend, wahrheitssagend(-liebend), Glauben an Gott, intelligent, gutes Gedächtnis, Wissen, geduldig, nicht verhaftet sein
- *Rajasa*: unglücklich sein, Tendenz zu ziellosem Umhergehen, ungeduldig, stolz, unehrlich, grausam, heuchlerisch, begierig nach Respekt, sehr leidenschaftlich, ärgerlich, gierig, eifersüchtig
- *Tamasa*: sehr ängstlich, nicht religiös, schläft sehr viel, Mangel an Intelligenz und Wissen, faul

Die sieben Sattvika-Konstitutionen

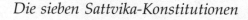

- *Brahma*: rein, glaubt an Gott, studiert viel, respektiert Ältere, gastfreundlich, wahrheitsliebend, gute Geistes- und Sinneskontrolle, großzügig, großes Wissen, gutes Gedächtnis und Intelligenz, kann gut argumentieren/verhandeln/erklären, nicht leidenschaftlich, Gleichheit aller lebenden Wesen (Gerechtigkeitssinn), keinerlei Gier, Ärger, Verhaftung, Eifersucht
- *Endra*: Eitelkeit, mutig, guter Organisator, freundlich zu Untergebenen, gute und eindrucksvolle Sprache, religiös, scharfsinnig, weitblickend, interessiert an Leidenschaften, Aufgaben und Reichtum (im positiven Sinne!)
- *Varuna*: mag Kaltes, erträgt Schmerzen gut, braune Augen, und Haare, angenehme Sprache, Tapferkeit/Mut, geduldig, rein, Abneigung gegen Unreinheiten, mag Wassersport, hat Ärger und Freude zur rechten Zeit und am rechten Ort
- *Kaubera*: unparteiisch, tolerant, Tendenz zur richtigen Form von Gelderwerb, Vorliebe für gute Orte, gute Zeugungskraft, geduldig, ist respektiert, hat Reichtümer, gut in der Pflicht/Aufgabenerfüllung, rein, Ärger und Freude sind klar
- *Gandarva*: liebt Kosmetika, Parfüme, Singen, Tanzen, mag die Gesellschaft des anderen Geschlechts, mag Geschichte, Literatur, Poesie, nicht eifersüchtig
- *Yamya*: furchtlos, rein, hat ein gutes Gedächtnis, keine Anhaftung, ordentliches und geschicktes Arbeiten, nicht eifersüchtig und stolz, wohlhabend, hat die Ge-

wohnheit, täglich etwas zu schreiben, kann nicht besiegt werden

- *Arsa:* engagiert in religiösen Ritualen, gastfreundlich, Zölibat, studiert gern, fundiertes Wissen, Intelligenz, Gedächtnis, frei von Stolz, nicht Verhaftetsein, nicht eifersüchtig, keinerlei Gier, Ärger, hält sein Wort

Die sechs Rajasa-Konstitutionen

- *Asura*: Wohlstand, furchteinflößend, tapfer, Ärger, sieht Fehler in den guten Qualitäten anderer, ißt alleine und gibt nichts an andere ab, denkt dauernd ans Essen, grausam und brutal, Selbstüberschätzung
- *Raksasa*: greift Feinde an, wenn sie alleine sind (feige), furchteinflößend, eifersüchtig, nicht religiös, Selbstüberschätzung, vergibt nicht, ärgerlich, reichliches Essen, Verlangen nach Fleisch, reichlicher Schlaf, harter Arbeiter
- *Paisaca*: ärgerlich, scharfsinnig, furchteinflößend, mutig (um Übles zu begehen), übermäßiges Verlangen nach dem anderen Geschlecht, schamlos, faul, unrein, ängstlich, Umherstreunen
- *Preta*: geizig (gibt anderen nichts), faul, unglücklich, eifersüchtig, gierig, häufiges Essen
- *Sarpa* (Schlange): ängstlich, scharfsinnig, arbeitet hart, nur tapfer, wenn er ärgerlich/wütend ist, sonst feige, handelt schnell, betrügt
- *Sakuna* (Vogel): sehr in Sex verwickelt, ißt immer, intolerant, instabiler Geist, läuft immer umher, sammelt keinen Reichtum an

Die drei Tamasa-Konstitutionen

- *Pasava* (von Pasu = »Tier«): niedrige Intelligenz, langsam, übermäßig viel Schlaf und Sex, sehr viel Träume von Sex, neigt zu sexuellen Perversionen, schmutzige Gewohnheiten
- *Matsya* (»Fisch«): instabil, ängstlich, Vorliebe für Wasser, streitsüchtig, gierig, zielloses Umherlaufen, übermäßiger Sex, Ärger
- *Vanaspatya* (von »Pflanze«): Vorliebe für einen Platz, andauerndes Essen, Fehlen von Intelligenz und Wissen, ängstlich, instabiler Geist; Fehlen von Leidenschaft, Verantwortungsgefühl und Reichtum

Konstitutionsdiagnose und ganzheitliche Testverfahren

Möchten Sie sich selbst und Ihre inneren Strukturen nach ayurvedischen Prinzipien besser kennenlernen?

Dies ist möglich, wenn Sie sich in innerer und äußerer Bewußtheit üben und diese zur Konstitutionsbestimmung nutzen. Nehmen Sie sich selbst deutlich wahr, und bringen Sie Ihre Lebensform und die Ausprägung der Doshas in Ihnen in ein persönliches Konstitutionskonzept. Festigen Sie den eigenen Eindruck Ihrer Dosha-Anteile, und beobachten Sie Ihre Ausscheidungen und Beschwerden. Am besten führen Sie für zwei bis drei Tage ein Tagebuch. Jetzt können Sie ganz deutlich sehen, von welcher Energie Ihr Lebensstil geprägt ist, und was die Ursache für Ihre Störungen sein könnte.

Wenn man beginnt, sich mit Ayurveda zu beschäftigen, erkennt man sich am Anfang oft sofort in dem einen oder anderen Typus wieder. Schauen wir dann jedoch genauer in uns hinein, lernen wir die vielen Facetten unserer vielschichtigen Persönlichkeit mit deutlichen Anteilen aller Doshas kennen. Das ist gut so, denn je mehr verschiedene Aspekte wir in uns vereinen, um so stabiler und ausgeglichener können wir werden. Oft ist es so, daß die Natur sich selbst einen Ausgleich schafft. Zum Beispiel, wenn ein sehr aktiver, pitta-vata-betonter Geist in einem stabilen Kapha-Körper wohnt.

Als Hilfsmittel der objektiven und bewußten Wahrnehmung, der eigenen Person können Ihnen die folgenden Fragebögen helfen. Sie ersetzen jedoch keine medizinische Konstitutionsdiagnose, sondern zeigen Ihnen lediglich die Dominanz und die Auswirkungen bestimmter Doshas in Ihnen.

Fragebogen 1:

Selbsteinschätzung der Verhaltensmuster und Persönlichkeitsstrukturen nach Vata, Pitta und Kapha

Mit diesem Fragebogen können Sie Anlagen Ihrer Persönlichkeit und Verhaltensweisen sehr gut mit den Ihre Konstitution prägenden Dosha-Anteilen bestimmen. Beantworten Sie die folgenden Fragen spontan und ohne längeres Überlegen mit Ja oder Nein. Zählen Sie anschließend bei jedem Dosha Ihre Ja-Antworten zusammen. Nun können Sie einen umfassenden Eindruck von der allgemeinen Kräfteverteilung der Doshas in Ihnen gewinnen.

Vata

1. Ich handle schnell und bin manchmal etwas unüberlegt.
2. Ich kann nicht gut auswendig lernen und habe auch ein schlechtes Langzeitgedächtnis.
3. Ich bin lebhaft und begeisterungsfähig.
4. Ich habe einen leichten Körperbau, und es fällt mir schwer, an Gewicht zuzunehmen.
5. Ich kann Neues schnell aufnehmen und bin geistig flexibel.
6. Ich habe einen raschen und schnellen Gang.
7. Ich kann mich schwer entscheiden, was für mich das Beste ist.
8. Ich neige zu Blähungen oder Verstopfung.

9. Ich bekomme leicht kalte Hände und Füße.
10. Ich fühle mich häufig überfordert, besorgt und ängstlich.
11. Ich mag keinen kalten Wind und kein kaltes Wasser.
12. Ich spreche schnell und gelte bei meinen Freunden als sehr gesprächig.
13. Ich neige zu Gefühlsschwankungen und reagiere sehr gefühlsbetont.
14. Ich neige zu Schlafstörungen und unruhigen Träumen.
15. Ich neige zu trockener Haut, besonders im Winter.
16. Ich bin geistig sehr rege, gelegentlich auch rastlos und sprudele vor Ideen über.
17. Meine Bewegungen sind rasch und aktiv, meine Energie kommt in plötzlichen Schüben.
18. Ich bin leicht aus meinem inneren Gleichgewicht zu bringen, und mein Körper ist etwas labil.
19. Auf mich selbst gestellt, habe ich unregelmäßige Eß- und Schlafgewohnheiten.
20. Ich lerne schnell, aber ich vergesse auch schnell.

Pitta

* * *

1. Ich halte mich für sehr zielgerichtet und effizient.

2. Ich stelle hohe Ansprüche an mich und bin sehr ehrgeizig, genau und ordentlich.

3. Ich habe einen starken Willen und kann meine Interessen gut vertreten.

4. Bei heißem Wetter fühle ich mich unwohl und meide die pralle Sonne.

5. Meine Haut ist oft etwas gerötet, und ich schwitze leicht.

6. Auch wenn ich es nicht immer zeige, bin ich schnell gereizt oder verärgert.

7. Wenn ich Hunger habe, werde ich leicht ungeduldig und gereizt.

8. Mein Haar weist mindestens eins der folgenden Merkmale auf: frühzeitig ergrauend oder Haarausfall; dünn, seidig, glatt; (rot)blond oder sandfarben.

9. Ich habe einen guten Appetit und kann große Mengen essen.

10. Manche Leute bezeichnen mich als bestimmend und stur.

11. Ich habe eine regelmäßige Verdauung; ich neige eher zu Durchfall als zu Verstopfung.

12. Ich verliere leicht die Geduld und habe wenig Verständnis für die Fehler anderer.

13. Ich treibe regelmäßig Sport und brauche jeden Tag viel Bewegung.

14. Ich brause zwar schnell auf, vergesse aber ebenso schnell wieder.

15. Ich liebe kalte Speisen, wie Eis, und mag eiskalte Getränke.

16. Ich empfinde die Temperatur in einem Raum eher als zu warm.

17. Ich vertrage keine scharf gewürzten oder heißen Speisen.

18. Ich kann mich sehr gut konzentrieren.

19. Ich genieße Herausforderungen und bin beim Erreichen meiner Ziele sehr beharrlich.

20. Ich bin mir selbst und anderen gegenüber kritisch eingestellt.

Kapha

1. Ich fühle mich in der Regel ruhig und zufrieden.

2. Ich nehme leichter an Gewicht zu als andere Menschen.

3. Ich handle gewöhnlich langsam, ohne Hektik und gerate selten aus der Fassung.

4. Ich esse sehr gern, kann aber Mahlzeiten problemlos auch einmal auslassen.

5. Ich neige zu starker Schleimbildung, Trägheit, chronischer Verstopfung, Asthma oder Nebenhöhlenentzündungen.

6. Ich brauche mindestens acht Stunden Schlaf, um mich am folgenden Tag wohlzufühlen.

7. Ich habe einen tiefen, festen Schlaf und gehe gern früh zu Bett.

8. Ich lerne langsamer als andere, habe aber auch auf lange Zeit hin ein ausgezeichnetes Gedächtnis.

9. Ich pflege meine Gewohnheiten und erlebe nicht gerne Überraschungen.

10. Ich neige zu Körperfülle und einem trägen Stoffwechsel.

11. Kaltes und feuchtes Wetter ist mir zuwider.

12. Meine Haare sind dicht, dunkel und gewellt.

13. Ich habe eine weiche, glatte und blasse Haut.

14. Ich habe einen kräftigen Körperbau und bin sehr belastungsfähig.

15. Ich bin von Natur aus heiter, sanftmütige liebevoll; ich vergebe gern.

16. Ich liebe gutes Essen, fühle mich aber nach den Mahlzeiten oft schwer und schläfrig.

17. Ich habe eine gute Ausdauer und Widerstandskraft; mein Energiepegel ist ausgeglichen.

18. Ich gehe langsam und gemessen.

19. Ich neige zu Langschläferei und komme morgens nur langsam in Gang.

20. Ich esse mit Bedacht und gehe auch sonst langsam und methodisch vor.

Fragebogen 2

**Großer Diagnosekatalog zur körperlichen und
geistigen Konstitutionsbestimmung**

Dieser Fragebogen zeigt Ihnen Ihre grundlegenden Anlagen auf der körperlichen und auf der Charakterebene. Untersuchen Sie die Vielfalt Ihrer Dosha-Bereiche, und beantworten Sie die Fragen gründlich und gewissenhaft.

Nach dieser Grunddiagnose können Sie die Beschaffenheit Ihres Körpers, Stoffwechsels und Ihres Charakters klarer erkennen und einschätzen.

Körperbau

Körperbau

Vata: *dünn, klein, ungewöhnlich groß, schwach entwickelt, feingliedrig (Leptosom)*

Pitta: *mittlere Körpergröße, mäßig entwickelt (Athlet)*

Kapha: *stämmig, klein, groß, großgliedrig, gut entwickelt*

Gewicht

Vata: *geringes Gewicht, kann nicht zunehmen (wenn dick, dann mit starken Gewichtsschwankungen und schwammigem Gewebe)*

Pitta: *Idealgewicht mit guter Muskulatur (wenn Übergewicht, dann durch den Verzehr von zuviel rohem fetten Fleisch)*

Kapha: *schwer, Tendenz zur Fettleibigkeit, hält sein Normalgewicht nur mit Mühe*

Gesicht

Vata: *dünn, klein, zerfurcht, hager, ausdruckslos*
Pitta: *mittlere Größe, rötlich, eckig, scharfkantige Züge*
Kapha: *groß, rund, fett, weiche Züge, blaß*

Haut

Vata: *glanzlos, dünn, trocken, rauh, hervortretende Venen*
Pitta: *leicht errötend, rotwangig, weich, ölig, warm, Sommersprossen, neigt zu Akne*
Kapha: *blaß, dick, feucht, kühl, glatt, Fett- und Wasserablagerungen unter der Haut, Zellulite*

Augen

Vata: *klein, trocken, dünn, unruhig, leiden unter häufigem Blinzeln*
Pitta: *mittelgroß, schmal, leicht entzündet, durchdringend, lichtempfindlich (Kopfschmerzen, Brille)*
Kapha: *breit, hervorstehend, weiß, oft leichtes Weinen, Schleimabsonderung*

Haare

Vata: *spärlich, trocken, grob, oft Haarausfall wegen schlechter Nahrungsverwertung, häufig Schuppenbildung*
Pitta: *mäßig, fein, weich, frühzeitig ergraut oder glatzköpfig*
Kapha: *reichlich, ölig, dick, oft gelockt, glänzend, oft stark behaarter Körper*

Hände

Vata: klein, dünn, trocken, kalt, rissig, unstet, hervorstehende Gelenke

Pitta: mittelgroß, warm (auch bei kaltem Wetter), rosa

Kapha: groß, dick, ölig, kalt, fest, kräftig und mit wenig Linien

Ausscheidungen / Stoffwechselfunktionen

Urin

Vata: spärlich, farblos, Schwierigkeiten beim Wasserlassen, schaumig (bei Frauen)

Pitta: üppig, gelb, rot, brennend

Kapha: weißlich, milchig, durchschnittliche Menge

Stuhl / Verdauung

Vata: spärlich, trocken, Tendenz zur Verstopfung, Schmerzen beim Stuhlgang, wechselhafte Verdauung, Blähungen

Pitta: reichlich, locker, Tendenz zum Durchfall, Brennen

Kapha: fest, manchmal hell, Schleim im Stuhl, Neigung zu Verstopfung (Stuhl bleibt weich)

Appetit

Über lange Sicht ist der Appetit der beste Indikator der Konstitution. Ist das Gleichgewicht der Doshas sehr gestört, können sich geschmackliche Vorlieben sehr verschieben

Vata: unterschiedlich, nicht vorhersehbar, wenn hungrig: leichtsinnig und ängstlich

Pitta:	*stark, heftig, wenn hungrig: leicht ärgerlich und gereizt*
Kapha:	*gleichbleibend, regelmäßig*

Kreislauf

Vata:	*schlecht, unterschiedlich, bekommt leicht Herzklopfen; Bauch und Extremitäten sind oft kalt und trocken*
Pitta:	*gut, warmer Körper, errötet leicht*
Kapha:	*langsam, regelmäßig, durch Übergewicht kann die Peripherie schlecht durchblutet und kalt sein*

Charakterliche Eigenschaften

Aktivität

Vata:	*schnell, leichtsinnig, überaktiv, chaotisch*
Pitta:	*zielgerichtet, motiviert, zügig*
Kapha:	*langsam, stetig, würdevoll, zuverlässig, oft nicht anpassungsfähig, unflexibel, phlegmatisch*

Körperkraft

Vata:	*schwach, geringe Ausdauer, gute Schnellkraft*
Pitta:	*mittlere Körperkraft, verträgt keine Hitze, Machtdemonstration*
Kapha:	*stark, ausdauernd, langsam beim Starten, wenig Tatendrang*

Sexualität

Vata:	*ungleichmäßig, sprunghaft, starkes Bedürfnis, aber wenig Energie, oft extremes Sexualverhalten*

| Pitta: | mäßiges Bedürfnis, leidenschaftlich, dominant |
| Kapha: | starke sexuelle Energie, geringes, aber gleichbleibendes Bedürfnis, seltener Partnerwechsel |

Klimatische Vorlieben / Ängste

Vata:	Angst vor Kälte und Wind, empfindlich gegen Trockenheit
Pitta:	Angst vor Hitze, Abneigung gegen Feuer und starke Sonne
Kapha:	Angst vor Kälte und Feuchtigkeit, reagiert sehr stark auf zu wenig Licht, Vorliebe für Wind und Sonne

Immunsystem

Vata:	allgemein schwach, neigt zu chronischen Krankheiten, schmerzempfindlich
Pitta:	mittel, anfällig gegenüber Infektionen und Entzündungen, Blutungen
Kapha:	verläßlich, stark

Krankheitsanfälligkeit

Vata:	Nervensystem, geistige Störungen, Schmerzen, Knochen, Arthritis
Pitta:	fiebrige Krankheiten, Infektionen, Entzündungen, Blut
Kapha:	Atemwege, Lungen, Schleimbildung, Verstopfung der Kanäle, Ödeme

Sprechweise

| Vata: | schnell, unzusammenhängend, sprunghaft, geschwätzig |

Pitta: *überzeugend, argumentativ, redet gerne auf andere ein*

Kapha: *langsam, entschieden, Inhalt der Kommunikation ist wichtig*

Verstand

Vata: *geschwind, anpassungsfähig, unentschlossen, oberflächlich*

Pitta: *intelligent, durchdringend, kritisch, zielgerichtet*

Kapha: *langsam, unverständlich, dumpf, hält sich an grobe Prinzipien*

Gedächtnis

Vata: *schlecht, nimmt leicht auf – vergißt leicht wieder*

Pitta: *scharf, klar, gute Erinnerung an Verletzungen, vom Willen geprägt*

Kapha: *nimmt langsam auf – vergißt aber nicht, gute Erinnerung an Gefühle, emotional*

Gefühle

Vata: *ängstlich, furchtsam, nervös, launisch, empfindlich, fehlende Verankerung, sorgenvoll*

Pitta: *ärgerlich, irritierbar, streitsüchtig, heftig*

Kapha: *ruhig, zufrieden, anhänglich, sentimental, depressiv*

Schlaf

Vata: *leicht, Neigung zu Schlaflosigkeit, störanfällig, träumt sprunghaft und vom Fliegen*

Pitta: *mäßig, wacht leicht auf – schläft dann wieder ein, träumt leidenschaftlich und konfliktbeladen*

Kapha: schwer, Schwierigkeiten beim Aufwachen, schläft gerne auch tagsüber, träumt wenig

Lebensgewohnheiten

Vata: bewegt sich, reist und spielt gern, exzentrisch, oft überlastet

Pitta: zielgerichtet, wettbewerbsorientiert, mag Sport und Politik

Kapha: liebt Luxus und Komfort, bequem, betreibt Geschäfte, mag Blumen, Kosmetik und Wasser (Segeln, Schwimmen)

Betrachtung des Agni
und der Doshas durch die Malas

Der Körper bildet drei Abfallprodukte oder Malas: Stuhl, Harn und Schweiß. Farbe, Geruch, Beschaffenheit und Menge der Ausscheidungen geben präzise Hinweise über die Verdauungs- und Ausscheidungskraft des Körpers.

Stuhl
- spärlicher trockener Stuhl: erhöhtes Vata
- Schmerzen oder Geräusche beim Stuhlgang: erhöhtes Vata
- dunkler, bläulicher oder schwarzer Stuhl: erhöhtes Vata
- lockerer, brennender Stuhl: erhöhtes Pitta
- gelber oder grünlicher Stuhl: erhöhtes Pitta
- Durchfall: Vata- oder Pitta-Störung
- heller, schleimiger Stuhl: erhöhtes Kapha
- weicher, voluminöser und übelriechender Stuhl: Verdacht auf Darmpilze
- Blähbauch: Vata-Störungen, Mangel an Vitamin K
  Wassertest des Stuhls: Je leichter der Stuhl im oder auf dem Wasser schwimmt, desto weniger Ama befindet sich im Stuhl.

Urin
Die Beschaffenheit und gute Ausscheidung des Urins ist abhängig von der Flüssigkeitsaufnahme, der Ernährung, den klimatischen Bedingungen und dem geistigen und körperlichen Zustand des Menschen. Ein intensiver und

unangenehmer Geruch des Urins zeigt einen kränklichen Körper und/oder die Einnahme von Medikamenten an.

Farbe des Urins:

- spärlicher, farbloser Urin: erhöhtes Vata
- üppiger, gelber, brennender Urin: erhöhtes Pitta
- heller, milchiger oder trüber Urin: erhöhtes Kapha
- schwärzlich-braune Farbe: Vata-Störung
- dunkelgelb, grün oder bräunlich: Pitta-Störung, eventuell Fieber
- saurer Urin: erhöhtes Pitta und/oder Vata
- hell wie Wasser: mangelnde Nierenfunktion
- dunkelgelb: überlastete Leberfunktion
- dunkelbraun: gestörte Gallenfunktion
- fauliger Geruch: Toxine im Körper
- süßlicher Geruch: Verdacht auf Diabetes
- Schwierigkeiten beim Wasserlassen: Vata-Störung
- Flocken im Urin: Zeichen für die Entschlackung des Körpers
- Pünktchen im Urin: Eiweißausscheidung, Nierenbeschwerden
- Grieß oder Sand im Urin: Verdacht auf Nierensteine, eventuell auch in den Harnwegen

Zungendiagnose

Die Zunge ist ein wichtiges Sinnesorgan und ihre Untersuchung offenbart bei der ayurvedischen Diagnose die Gesamtheit der Vorgänge im Körper und des Verdauungstrakts.

Die Beschaffenheit und Farbe der Zunge und ihres Belags geben Aufschluß über Dosha-Störungen, Organstörungen, psychosomatische Beschwerden im Rückenbereich und toxische Ablagerungen im Organismus. Die Lokalisierung von Zungenbelag oder Zungenfurchen zeigt an, welche Verdauungsorgane bei einer Dosha-Störung mitbetroffen sind und wie der Körper die Nahrungsmittel verwerten kann. Die allgemeine Zungenfarbe und die Zungenfurchen lassen Rückschlüsse auf den Mineral- und Vitamin-B-Komplex-Haushalt zu.

Zungenfarbe und Zungenbelag

Die Farbe der Zunge selbst oder ihres Belags gibt uns Informationen über Störungen der Doshas und Dhatus sowie über diverse Mangelerscheinungen im Körper. Während der Zungenbelag direkt auf die Erhöhung einzelner Doshas und lokale Ama-Ansammlungen reagiert, liegen der allgemeinen Zungenfarbe oft tiefe und langfristige Funktionsstörungen des Körpers zugrunde. Neben einer sanften Zungenreinigung helfen auch gezielte Entschlackungs- und Regenerationsmethoden, um die Körperfunktionen zu verbessern.

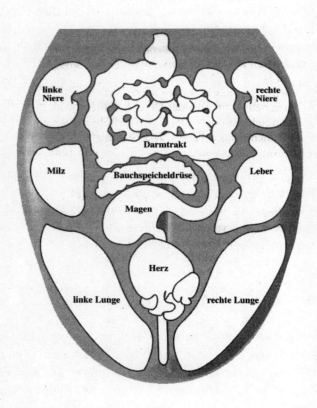

Zungenfarbe

- blasse Farbe: Anämie oder Blutmangel im Körper
- gelbliche Farbe: überschüssige Gallenflüssigkeit, Leberstörung
- bläuliche Farbe: Herzerkrankung
- blasse Zunge: Verminderung Dhatu Rakta (rote Blutzellen)
- dunkelrote Farbe: akute Entzündung im Körper
- purpurrote Farbe: Mangel an Vit. B 2
- erdbeerrote Farbe: Mangel an Vit. B 12 und Folsäure
- Zungenspitze ist heller als die restliche Zunge: Mangel an Vit. B 3
- ausgetrocknete Zunge: Verminderung des Dhatu Rasa (Plasma)

Zungenbelag

- bräunlich, bläulich, schwarz, riecht faulig: Vata-Störung
- rot, gelblich, grünlich, riecht sauer: Pitta-Störung
- weißlich, schleimig: Kapha-Störung
- Belag des hinteren Zungenabschnitts: Toxine im Dickdarm
- Belag des mittleren Zungenabschnitts: Toxine in Magen und Dünndarm

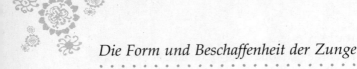

Die Form und Beschaffenheit der Zunge

Jeder Mensch hat eine unterschiedliche Zungenform und -größe. Diese natürliche Ausprägung wird von seiner Veranlagung und Konstitution bestimmt. Alle Abweichungen von der gesunden Norm wie außerordentlich fleischige Zungen, Zungenfurchen, -risse, -rillen weisen auf psychosomatisch- oder stoffwechselbedingte Funktionsstörungen des Organismus hin.

Eine Furche in der Zungenmitte zeigt immer Mangel an B-Vitaminen an. Zudem ist sie Anzeichen dafür, daß im Bereich der Wirbelsäule angestaute Gefühle zurückgehalten werden. Eine Kurve der Zungenlinie gibt den Hinweis auf eine mögliche pathologische Abweichung in der Krümmung der Wirbelsäule.

- Zungenfurchen: Mangel an B-Vitaminen, Rückenbeschwerden
- Längsfurchen: Chronische Vata-Störung im Dickdarm
- Zunge sehr fleischig, wabbelig: Mangel an Pantothensäure
- Zahneindrücke am Zungenrand: Mangelnde Absorption der Nährstoffe
- Zittern des Zungenrands: Tiefsitzende Angst oder Sorgen (Vata-Störung)
- Mundgeruch: Mangel an Vit. B 3

Kapitel 4

Die Ernährungslehre im Ayurveda

Grundlagen der ayurvedischen Ernährung

Im Ayurveda wird der Körper als Tempel gesehen, in dem die Seele wohnt. Um diesen Tempel Gottes zu pflegen und zu reinigen, liefert uns eine gesunde Ernährung das geeignete Fundament. Sie schenkt dem Körper die Substanzen, die er zu seinem Aufbau, zur Energiegewinnung und für einen gesunden Stoffwechsel braucht.

Eine falsche Ernährung ist nicht nur Ursache von körperlichen Beschwerden aller Art, sondern oft auch Ursache von energetischen Störungen wie Trägheit, Depressionen, Konzentrationsschwäche und Nervosität. Die täglichen Mahlzeiten stellen im Ayurveda das Fundament für dauerhafte Gesundheit, eine harmonische Entwicklung und ein langes Leben voller Freude und Vitalität. Im Ayurveda sagt man, daß eine schöne klare Haut, geistige Klarheit, Konzentrationsfähigkeit und ein genialer Verstand, Körperkraft und Ausdauer die Merkmale einer reinen und aufbauenden Ernährung sind. Zusätzlich zeichnet sich reine Nahrung durch eine für die Sinne angenehme Farbe, guten Geschmack, Geruch und angenehme Berührung aus.

Ein bekömmliches und wohltuendes Essen wird schnell in die Körpergewebe (Dhatus) umgesetzt und stört die Doshas nicht. Alle Pflanzen und Nahrungsmittel, die die Doshas stören oder von ihrem Platz vertreiben, sind unbekömmlich. Die Gewebe werden geschwächt, und toxische Substanzen sammeln sich an.

Nach der ayurvedischen Ernährungslehre erfolgt die Auswahl und Zusammenstellung der einzelnen Nahrungsmittel unter Berücksichtigung der individuellen Konstitution und des Stoffwechsels. Zudem wird die Art und Zubereitung der Speisen auf die üblichen Eßgewohnheiten des Kulturkreises, das Klima, die Umgebung und die Jahreszeiten abgestimmt.

So entscheiden nicht nur die Doshas und das Agni über eine angemessene Ernährungsweise, sondern auch Herkunft, Lebenstradition und Lebensstil des einzelnen.

Die täglichen Speisen halten den Körper gesund, vital und leistungsfähig. Im Krankheitsfalle wirken sie ausgleichend, heilend und stärkend. Sie helfen dem Körper, sich zu reinigen, indem sie einerseits keine weiteren Schlacken oder Giftstoffe zuführen und andererseits die Ausscheidung derselben durch eine Aktivierung des Stoffwechsels fördern. Innerhalb einer ayurvedischen Behandlung dient die richtige Nahrung als Grundlage für jede therapeutische Maßnahme.

Es gibt eine Reihe grundlegender ayurvedischer Ernährungsempfehlungen, die auf die allgemeinen Stoffwechsel- und Verdauungsprozesse des Körpers abgestimmt werden. Diese verlaufen bei allen Menschen gleich, jedoch kann es bei der Intensität und Effektivität erhebliche Unterschiede geben, die aus dem individuellen Verhältnis der drei Gunas: Rajas, Tamas und Sattva resultieren. Dadurch entsteht die persönliche Konstitution des einzelnen Menschen, die durch bestimmte Vorlieben und Abneigungen für einzelne Speisen gekennzeichnet ist.

Die *Bhagavad-Gita* sagt dazu (Kap. 17,7–10):

>»Selbst bei der Nahrung, die jeder zu sich nimmt, gibt es dreierlei Arten. (...)« So kann man sie unterscheiden:

>»Sattva-Menschen lieben Speisen, die ihre Lebenskräfte, Stärke und Gesundheit steigern. Solche Speisen machen glücklich und zufrieden. Saftig sind sie, frisch und wohlschmeckend.

>Der Rajas-Mensch zieht Speisen vor, die bitter, sauer, salzig, beißend, scharf und sehr heiß sind. Sie verursachen Krankheit, Schmerz und Leid.

>Der Tamas-Mensch hingegen bevorzugt Speisen, die abgestanden, schal, faulig, übelriechend und unrein sind. Gern ißt er, was andere übriglassen.«

Die drei Gunas sind universelle Kräfte, aus denen die gesamte manifeste Schöpfung besteht. Auf der physischen Ebene bilden sich analog zu ihnen, als verschiedene Kombinationen der fünf Elemente, Kräfte oder Prinzipien aus, die als Doshas (Vata, Pitta, Kapha) bezeichnet werden. So hat man bereits vor Jahrtausenden die Wirkung der einzelnen Nahrungsmittel auf die Doshas beobachtet und daraus ein System entwickelt, das ermöglicht, den Körper mittels Ernährung in ein Gleichgewicht zu bringen. Sind diese drei Prinzipien in Harmonie, ist der Körper stark und widerstandsfähig, und Wachstum und Entwicklung werden gefördert.

Individuelle Empfehlungen zum Ausgleich des Verdauungsfeuers

Der Grundsatz der ayurvedischen Ernährungslehre lautet: *Jeder is(s)t anders.*

Der Grund dafür sind die verschiedenen Funktionsweisen des Verdauungsfeuers (Agni). Je nachdem, ob der Mensch ein starkes, schwaches oder schwankendes Agni hat, wird seine optimale Ernährungsweise zusammengestellt. Die Beschaffenheit des Agni hängt von der Dominanz der Doshas in uns ab und wird automatisch mit einer konstitutionsbezogenen Ernährung ausgeglichen. So haben Menschen mit einem hohen Vata-Anteil meist ein schwankendes und labiles Agni, Kapha-Menschen ein stabiles aber kleines Agni und Pitta-Typen ein recht starkes und oft überhitztes Verdauungsfeuer. Generell wird Agni im Körper von Pitta erzeugt und hilft uns, die in der Nahrung enthaltene, pranische Energie freizusetzen und dem Organismus verfügbar zu machen.

Durch Agni stehen den verschiedenen Körpergeweben alle Nährstoffe zur Verfügung, Toxine werden ausgeschieden, der Geist wird klar und diszipliniert. Ein ausgeglichenes Verdauungsfeuer verleiht dem gesamten

Körper eine frische, vitale Ausstrahlung und innere Schönheit. Damit Agni aber in einem angemessenen Maß entstehen kann, ist wiederum ein Gleichgewicht zwischen den Doshas erforderlich. Ist dieses Gleichgewicht nicht vorhanden, wird entweder zu wenig Agni erzeugt, und selbst die edelsten Speisen passieren den Verdauungstrakt nahezu ungenutzt, oder es entsteht zuviel Agni, was ständigen Hunger und Unausgeglichenheit zur Folge hat.

Ist ein Agni zu schwach, zeigen sich folgende Symptome: Blähungen, Aufstoßen, langsame Verdauung, geistige Ermüdung, schweres Erwachen, wenig oder keine Schweißabsonderung, Verstopfung, stumpfer Teint.

Hier helfen vor allem enzymreiche Nahrungsmittel, scharfe Gewürze und ein verdauungsfördernder Trunk aus starkem Ingwerwasser mit Cumin, Salz und Rohrzucker. Auch die harmonische Zusammenstellung der Speisen und das Einhalten der nötigen Verdauungszeiten sind für ein schwaches Agni wesentliche Voraussetzungen, damit es die Nahrung ausreichend verwerten kann.

Die Symptome eines zu starken Agni zeigen sich auf folgende Weise im Körper:

heftiges Aufstoßen, starkes Schwitzen, Hautausschläge, Durchfall, Übererregbarkeit, übermäßiges Reden, Heißhunger und ein brennendes Gefühl im Verdauungstrakt, Reizbarkeit und Zorn. In diesem Falle sollten alle sauren Speisen und scharfen Gewürze gemieden werden. Kühlende Speisen, Gewürze und Getränke wie z. B. Gurke, Banane, Kardamom oder Rosenwasser sind zu bevorzugen.

Allgemeine Ernährungsempfehlungen zum Ausgleich von Agni

- kleine Mahlzeiten essen
- gründlich kauen und einspeicheln
- vermehrtes Schlucken von Speichel vor dem Essen verstärkt die Bildung von Verdauungsenzymen
- Atemübungen, besonders vor dem Essen
- Zitronenwasser oder warmen Ingwertee mit etwas Ahornsirup schluckweise trinken
- frischer gehackter Ingwer mit Salz (1 MS bei Vata-Symptomen)
- frischer Koriander oder Petersilie mit ein wenig schwarzem Pfeffer stärkt das Agni
- kurzzeitiges Fasten
- Rohkostsäfte oder Enzympräparate

Wenn Sie für zwei bis drei Tage eine agni-stärkende Kur machen möchten, empfehle ich Ihnen folgendes Vormittagsprogramm:

Essen Sie am Morgen einen Früchteteller, der am besten aus Trauben, Kiwis, Ananas oder Papaya zusammengestellt ist. Trinken Sie über den ganzen Vormittag verteilt heißes Ingwerwasser (heißes Wasser mit einer Scheibe Ingwerwurzel 5 Minuten gekocht).

Nehmen Sie ein frühes Mittagessen ein, gegen 12.00 Uhr, und machen Sie vorher ein agni-anregendes Programm. Dieses besteht aus einem Agni-Trunk mit 1 TL Kreuzkümmel, 1 TL Bockshornkleesamen, 5 Pfefferkörnern, 1 MS Salz und 1 Scheibe Ingwerwurzel. Kochen Sie die Gewürze mit ½ Tasse Wasser auf, und trinken Sie das Getränk lauwarm in kleinen Schlucken. Danach machen Sie noch einen 20minütigen Spaziergang, bei dem Sie ihren Körper so richtig in Bewegung und zum Schwitzen bringen.

Jetzt kann gegessen werden! Nehmen Sie eine leichte und gekochte Mahlzeit ein, die aus gelbem oder grünem Gemüse mit stoffwechselanregenden Gewürzen (wie Kurkuma, Ingwer und etwas Chili), weichgekochtem Reis und Salat besteht. Bereiten Sie einen Salat mit vielen Bitterstoffen zu, und bevorzugen Sie die kräftigen Salatsorten wie Chicorée, Endivien, Rauke und Bataviasalat.

Essen Sie nicht zuviel, und kauen Sie jeden Bissen ganz bewußt. Genießen Sie das gründliche Einspeicheln Ihrer Nahrung, bei Bedarf dürfen Sie auch etwas heißes Wasser zum Essen zu sich nehmen.

Nach dem Essen sollten Sie sich ein wenig ausruhen, aber nicht schlafen. So können Sie Ihre Verdauungsenergie im Magen verstärken und dem Stoffwechsel mehr Leichtigkeit und eine größere Resorptionskraft ermöglichen.

Wechselnde Verdauungsphasen im Tagesrhythmus

Uhrzeit	Dosha	Agni
6.00–10.00 Uhr (7.00–11 Uhr)	Kapha	schwaches Agni
10.00–14.00 Uhr (11.00–15.00 Uhr)	Pitta	starkes Agni
14.00–18.00 Uhr (15.00–19.00 Uhr)	Vata	schwankendes Agni
18.00–22.00 Uhr (19.00–23.00 Uhr)	Kapha	schwaches Agni
22.00–2.00 Uhr (23.00–3.00 Uhr)	Pitta	starkes Agni
2.00–6.00 Uhr (3.00–7.00 Uhr)	Vata	schwankendes Agni

In den Klammern ist jeweils die entsprechende Sommerzeit angegeben.

Die sechs Geschmacksrichtungen (Rasa)

Die Bekömmlichkeit einer Mahlzeit und die daraus erwachsene Befriedigung hängt von einer harmonischen Geschmackszusammenstellung ab.

Im Ayurveda beschreibt man sechs verschiedene Geschmacksrichtungen *(Rasa)*, die sich in jeder Mahlzeit in einem ausgewogenen Verhältnis wiederfinden sollten. Jedes Rasa hat eine spezielle Wirkung auf die verschiedenen Doshas und das Agni und kann diese entweder verstärken oder abschwächen. Auch in der ayurvedischen Pflanzenheilkunde findet eine gezielte Geschmackstherapie ihren Einsatz.

Die Geschmacksrichtungen im einzelnen sind süß, sauer, salzig, scharf, bitter und zusammenziehend.

Innerhalb einer ayurvedischen Mahlzeit sollten grundsätzlich alle Geschmacksrichtungen im harmonischen Verhältnis vertreten sein. Durch die Wahrnehmung aller Geschmacksrichtungen werden die Sinne geschärft, die Organe angeregt, und der Körper wird befriedigt. Dies gilt vor allem für die Mittagsmahlzeit. Bei Krankheiten, Dosha-Störungen und Fastenkuren können die Geschmacksrichtungen auch einzeln oder therapeutisch eingesetzt werden.

Besonders anregend für das Vata-Dosha wirkt der bittere, scharfe und zusammenziehende Geschmack. Auf Pitta wirkt der scharfe, saure und salzige Geschmack stark aktivierend, und Kapha wird durch den süßen, sauren und salzigen Geschmack verstärkt.

In der ayurvedischen Ernährungslehre wird nun die Auswahl und Intensität der Geschmacksrichtungen innerhalb einer Mahlzeit auf die Konstitution und die Dosha-Störungen des einzelnen abgestimmt.

Der süße Geschmack

Der süße Geschmack entsteht aus einer Verbindung von Wasser und Erde und entspricht grobstofflich dem Kapha und feinstofflich dem Sattva.

So wirken natürlich süße Speisen sehr vitalstoffreich, nahrhaft und befriedigend auf den Körper. Sie sind wohlschmeckend und beruhigen alle Doshas. Sie liefern dem Körper schnell verwertbaren Brennstoff, beseitigen Nervosität und helfen bei Übersäuerung und Mineralstoffmangel. Durch den süßen Geschmack erhält unsere Haut einen gesunden Glanz.

Sehr süße Früchte, Getreide, süße Gemüse wie Karotten sind ein gutes Beispiel für die Geschmacksgruppe. Zukker und Ahornsirup sind zwar auch süß, erhöhen aber, im Übermaß genossen, das Kapha und Pitta im Körper. Übergewicht und Verschleimung sind die Folge.

Therapeutisch eingesetzt wird der süße Geschmack bei allen vata- und pitta-bedingten Beschwerden. So wirkt zum Beispiel ein süßer Getreidebrei mit etwas Zimt, Vanille und Safran äußerst wohltuend bei innerer Erschöpfung, Streß und Kältegefühl. Auch nach starken körperlichen Anstrengungen besteht ein natürliches Bedürfnis nach süßlichen Nahrungsmitteln. Durch diese erhält der Organismus nun seine ursprüngliche Kraft und Ausdauer zurück.

Der saure Geschmack

Der saure Geschmack entsteht aus der Verbindung von Erde und Feuer.

Sauer regt den Appetit und Speichelfluß an und aktiviert die Verdauung. Zuviel Saures irritiert die Kehle, übersäuert den Magen und das Blut und verdünnt den Samen des Mannes. Es vermehrt im Körper Pitta, Kapha und durch die erhöhte Bewegung manchmal auch Vata. Zitrusfrüchte, Essig und saure Milchprodukte wie Kefir oder Buttermilch sind gute Beispiele für den sauren Geschmack.

In einem gesunden Körper bewirkt der saure Geschmack eine notwendige Anregung und Stoffwechselaktivierung. Viele Menschen sind jedoch durch ihre tägliche Ernährung und Lebensform sehr übersäuert. Das führt zu viel Stoffwechselstörungen und Krankheiten wie z. B. Sodbrennen, Durchfall, Entzündungen und Hautirritationen. In diesem Fall wird der saure Geschmack umgehend gemieden, da er die Symptome weiter fördern würde.

Der salzige Geschmack

Der salzige Geschmack entsteht aus der Verbindung von Wasser und Feuer.

Er zieht Wasser an, erweitert die Körperkanäle und unterstützt die Nervenfunktionen. So ist Salz eine wichtige Trägersubstanz, die die Koordination und die Bewegungsabläufe des Körpers ermöglicht. Menschen, die unter geistigem oder körperlichem Streß stehen, haben einen erhöhten Salzverbrauch und neigen oft zu Gelüsten nach herzhaft-salzigen Speisen.

Die richtige Dosierung von Salz lindert Störungen des Vata und verflüssigt Schleim. Zuviel Salz erhöht das Vata und Kapha. Es erzeugt Trockenheit, Falten, Hautkrankheiten, Blutverunreinigung und schadet den Zähnen. Meersalz ist sehr viel intensiver als normales Salz, es sollte nur sehr sparsam verwendet werden. Auch in Fertigprodukten, z. B. Käse und Wurst, ist meistens sehr viel Salz enthalten.

Der bittere Geschmack

Der bittere Geschmack entsteht aus der Verbindung von Luft und Äther.

Er wirkt appetitanregend und blutreinigend. Durch Bitterstoffe werden Würmer in den Verdauungsorganen getötet, Giftstoffe ausgeschieden und Störungen des Kapha und Pitta ausgeglichen. Zuviel Bitterstoffe erhöhen Vata und führen zu Energieverlust, Nervosität und vata-bedingten Krankheiten.

Auf das Agni wirken bittere Nahrungsmittel sehr aktivierend. Durch den bitteren Geschmack wird das gesamte Verdauungssystem angeregt und die Enzymproduktion verstärkt. Dies hilft, schwere Speisen besser zu verwerten, und ist gut bei Müdigkeit, Völlegefühl und Schwere nach dem Essen. Bittere Salate wie Löwenzahn, Radicchio und Endivien sowie die ayurvedischen Gewürze Hing, Kurkuma und Bockshornklee sind typisch für den bitteren Geschmack.

Der scharfe Geschmack

Der scharfe Geschmack entsteht aus der Verbindung von Luft und Feuer. Er regt die Sinnesorgane an, reizt die Schleimhäute, fördert den Kreislauf, wirkt schweißtreibend, trocknet Wunden aus und erhitzt den Körper. Scharf erhöht das Pitta und wirkt auf Pitta-Menschen äußerst aufreibend. Auf Krankheiten, die durch Kapha verursacht wurden, hat der scharfe Geschmack eine wohltuende und heilende Wirkung. Generell sollte niemals zuviel Scharfes innerhalb einer Mahlzeit gegessen werden, denn zuviel Schärfe verursacht nicht nur ein Brennen in der Kehle, sondern kann auch zu Gastritis sowie Vata- und Pitta-Störungen führen. Der Körper trocknet von innen her aus und neigt zu Reizungen und Wundheit.
Chilis, Ingwer und schwarzer Pfeffer sind typisch für den scharfen Geschmack.

Der adstringierende (zusammenziehende) Geschmack

Der adstringierende Geschmack entsteht aus der Verbindung von Luft und Erde. Es gibt kaum Lebensmittel mit einem ausschließlich zusammenziehenden Geschmack. Die meisten haben eine zusammenziehende Komponente, wie z. B. die Zitrone sauer-zusammenziehend ist, der Honig süß-zusammenziehend und der Hing bitter-zusammenziehend schmeckt. Der adstringierende Geschmack reinigt das Blut, hilft der Verdauung und Verwertung von Fetten. Zuviel dieses Geschmacks erzeugt Trockenheit und erhöht das Vata. Es treten Verstopfung, Veränderungen der Hautfarbe, großer Durst und andere Vata-Störungen auf. Pflanzen und Kräuter mit einem adstringierenden Charakter finden ein großes Anwendungsgebiet in der ayurvedischen Pflanzenheilkunde und werden überwiegend bei Krankheiten, die von Pitta und Kapha verursacht wurden, verwendet.

Dosha	*Vata*	*Pitta*	*Kapha*
Rasa			
süß	-	-	+
sauer	-	+	+
salzig	-	+	+
scharf	+	+	-
bitter	+	-	-
zusammenziehend	+	-	-

Der Einfluß der Rasas auf die Doshas
(+ verstärkt, – vermindert)

Geschmack	Elemente	Eigenschaften
süß (madhura)	Erde, Wasser	feucht, kalt, schwer
sauer (amla)	Feuer, Erde	feucht, heiß, leicht
salzig (lavana)	Feuer, Wasser	feucht, heiß, schwer
scharf (katu)	Feuer, Luft	trocken, heiß, schwer
bitter (tikta)	Äther, Luft	trocken, kalt, leicht
zusammenziehend (kasaya)	Erde, Luft	trocken, kalt, schwer

Zusammensetzung und Eigenschaften der Rasas

Die speziellen Eigenschaften der Nahrungsmittel (Gunas)

Neben den fünf Elementen (Bhutas) und den Rasas werden im Ayurveda noch 20 verschiedene Eigenschaften (Gunas) als Merkmale der Nahrung beschrieben.

Ebenso wie alle Geschmacksrichtungen in einer Mahlzeit enthalten (und je nach Konstitution unterschiedlich ausgeprägt) sein sollten, wird im Ayurveda empfohlen, ein ausgewogenes Verhältnis der verschiedenen Nahrungseigenschaften anzustreben. So sollten die Nahrungsmittel, die für ein bestimmtes Dosha oder eine Jahreszeit ausgewählt werden, deren Eigenschaften keineswegs steigern oder verstärken, sondern mit entgegengesetzten Eigenschaften eine ausgleichende Wirkung erzielen.

Eine noch größere Bedeutung wird den Eigenschaften bei medizinischen Anwendungen von Heilpflanzen, Kräutern und anderen Substanzen zugeordnet. Hier wird sogar zwischen 31 Gunas unterschieden.

Die 20 Eigenschaften von Nahrungsmitteln sind im einzelnen:

schwer *(guru)*, leicht *(laghu)*, träge *(manda)*, scharf *(tiksna)*, kalt *(hima)*, heiß *(usna)*, ölig *(snigdha)*, trocken *(ruksa)*, klebrig *(sálksna)*, rauh *(khara)*, dickflüssig *(sandra)*, wäßrig *(drava)*, weich, *(mrdu)*, hart *(kathina)*, fest *(sthira)*, beweglich *(cala)*, dicht *(sthula)*, fein *(suksma)*, schleimig *(piccila)*, klar *(visada)*.

Die wichtigsten Gunas in der ayurvedischen Ernährungslehre sind schwer, trocken, heiß, leicht, ölig und kalt. Genau wie die Geschmacksrichtungen (Rasas) setzen sie sich aus den fünf Elementen zusammen.

Harmonische Ernährung im richtigen Rhythmus

Nach der ayurvedischen Anschauung sind Mikro- und Makrokosmos eins, und dies finden wir auch in den Doshas wieder. Die Doshas zeigen uns nicht nur den individuellen körperlichen und geistigen Zustand des einzelnen, ihre Einflüsse werden auch in der äußeren Umwelt geprägt. So sind die Kräfte Vata, Pitta und Kapha zu bestimmten Tages- und Jahreszeiten besonders aktiv und beeinflussen unseren Appetit, die Leistungsfähigkeit und das innere Wohlbefinden. Der Körper und die Verdauungssäfte reagieren auf die freigesetzten Kräfte der Natur und verändern sich ihnen entsprechend. Ein harmonischer Rhythmus mit bevorzugten Verdauungsphasen, Entschlackungszeiten und Ruhefrequenzen entsteht. Die täglichen Mahlzeiten und Lebensgewohnheiten werden im Ayurveda auf diese Zyklusphasen abgestimmt und berücksichtigen in ihrer Auswahl und Zubereitung die individuellen Bedürfnisse der entsprechenden Jahres- und Tageszeit.

Die Tagesuhr der Verdauungsenergien

Jeden Tag erfahren wir in unserem Körper einen regelmäßigen Tageszyklus, der unsere Verdauungsenergie und die entsprechende Dosha-Dominanz bestimmt. Der Mensch erlebt in diesem Rhythmus seine individuell bevorzugten Zeiten der persönlichen Kraftausrichtung. Hier kann er gewisse Nahrungsmittel leicht in Energie umsetzen und bestimmte Tätigkeiten besonders gut ausführen. So haben zum Beispiel Vata-Menschen in den späten Morgen- und Vormittagsstunden ihre konzentrations- und leistungsfähigste Zeit, während Kapha-Menschen sich müde, schlapp und antriebslos fühlen können. Ihre Hochzeit beginnt oft erst zur Mittagszeit.

Das Frühstück

Die Morgenstunden werden von Kapha dominiert. In dieser Phase ist das Verdauungsfeuer schwach und der Körper noch etwas träge. Dies ist sehr deutlich bei sogenannten Morgenmuffeln erkennbar, doch generell sagt man im Ayurveda, daß Menschen, die nach 8.30 Uhr aufstehen, mit viel Müdigkeit und Schwere zu kämpfen haben, da sie sich nun in der Kapha-Hochzeit befinden. Sehr viel leichter ist es, den Tag in den frühen Morgenstunden (gegen 6.30–7.00 Uhr) zu beginnen, denn in der Zeit hat der Körper noch mehr Leichtigkeit und Flexibilität durch ein aktiveres Vata-Dosha.

Das Frühstück im Ayurveda ist eine leichte, stoffwechselanregende Mahlzeit. Sie hilft dem Körper in seiner natürlichen Ausscheidungsphase und unterstützt die tägliche Entschlackung. Es gibt einige sehr strenge Ayurveda-Schulen, die morgens nur einen Ingwertee mit etwas Honig und drei Pfefferkörnern zu sich nehmen. Doch das ist nicht für jeden sinnvoll, und so empfehle ich eine kleine Mahlzeit aus frischen Früchten, Getreidebrei oder Milch. (Siehe auch Frühstücksrezepte Seite 133.)

Viele Menschen mit einem von Natur aus starken Kapha haben morgens wenig Appetit und benötigen lediglich einen kleinen, den Reinigungsprozeß unterstützenden Imbiß aus frischen Früchten oder einer Reiswaffel mit etwas Butter. Für den Pitta-Typ ist ebenfalls ein leichtes Frühstück mit süßem Obst, Reis- oder Haferbrei zu empfehlen. Für viele Vata-Typen hingegen ist eine heiße Milch die ideale Morgengabe oder ein warmer, nahrhafter Getreide- oder Grießbrei (eventuell auch mit Milch). Dies gleicht die erhöhten Vata-Energien aus. Bei Heißhunger am Vormittag werden Trockenfrüchte, frisch gepreßte Rohkostsäfte und nährende Getränke wie Yogi-Tee mit Milch empfohlen. Diese gleichen den Blutzuckerspiegel wieder aus und schenken dem Körper neue Energie und Tatkraft.

Generell sollte in den Morgenstunden viel getrunken werden, um den Entsäuerungsprozeß des Körpers zu unterstützen. Vermeiden Sie jedoch schwarzen Tee oder Kaffee, da diese Getränke am Vormittag intensiv säuernd wirken. Am späten Mittag oder Nachmittag können sie etwas bekömmlicher sein.

Das Mittagessen

Das Mittagessen ist im Ayurveda die wichtigste Mahlzeit des Tages. Sollte es Ihnen aus beruflichen Gründen nicht möglich sein, hier die Hauptmahlzeit einzunehmen, praktizieren Sie die genannten Empfehlungen wenigstens am Wochenende.

Um die Mittagszeit, zwischen 11.30 Uhr und 13.00 Uhr, sind die Verdauungskräfte und das Pitta am stärksten, und so sollte hier immer die Hauptmahlzeit des Tages eingenommen werden. Gerade kalte Speisen wie Salate, Rohkost und tierische Eiweiße können nun substanzspendend verstoffwechselt werden. Auch alle schwerer verdaulichen Nahrungsmittel wie Hülsenfrüchte, Kohlgemüse und schwere Fette können besser umgesetzt werden als zu einer anderen Tageszeit. Einen ausgeprägten Pitta-Typen erkennt man unter anderem daran, daß er zur Mittagszeit sehr hungrig wird und dann auch sehr ungeduldig und agressiv auf sein Essen wartet. Ißt er jetzt etwas Süßes, fühlt er sich sofort besänftigt und kann in aller Ruhe sein wohlverdientes Mittagessen einnehmen.

Laut Ayurveda sollte ein vollständiges Mittagsmenü alle sechs Geschmacksrichtungen und eine ausgewogene Auswahl sich in ihren Eigenschaften ergänzender Speisen enthalten.

Ein klassisch ayurvedisches Mittagsmahl enthält:

- ungewürzten Reis
- Gemüse
- scharfes Chutney, mit allen Geschmacksrichtungen
- Salat und Rohkost (ca. $^1/_3$ Anteil)
- Hülsenfrüchte oder Milchprodukte oder tierisches Eiweiß, z. B.
  - 3 x pro Woche Dal, Mungobohnen oder Kichererbsen
  - 3 x pro Woche Joghurt, Nüsse, Samen oder Käse
  - 1 x pro Woche Huhn, Fisch oder Ei
- einen kleinen süßen Nachtisch (einfache Rezepte finden Sie ab Seite 129)

Der Nachmittag und das Abendessen

An den Wendepunkten des Tages sind die Vata-Energien am stärksten. Viele ayurvedische Reinigungsübungen und Zeremonien finden aus diesem Grund bei Sonnenaufgang und -untergang statt.

Auch der Nachmittag von circa 14.00–18.00 Uhr wird von Vata beherrscht. In dieser Zeit ist unser Körper oft etwas labil und kraftlos. Wir werden schnell müde, haben Appetit auf Süßigkeiten und können uns nicht gut konzentrieren. All dies zeigt das vorherrschende Vata an. Unsere Verdauungssäfte sind in den Nachmittags- und Abendstunden relativ schwach, und alle schwer verdaulichen, rohen oder sehr fettigen Speisen belasten nun den Organismus in besonderem Maße. Am Nachmittag werden im Ayurveda kleine aufbauende Snacks und nährende Getränke empfohlen, wie z. B. eingelegte Aprikosen mit Milch oder gewürzter Yogi-Tee. Dies schenkt uns Substanz und innere Ruhe, ohne das Agni zu belasten.

Als Abendessen wird im Ayurveda immer eine warme, saftige und vata-ausgleichende Mahlzeit empfohlen. Essen wir abends zuviel, erhöhen wir das Kapha und leiden langfristig an Verdauungsstörungen, Übergewicht und Schweregefühl. Sehr kalte und anregende Speisen wie zum Beispiel Salate, Rohkostplatten, frische Früchte oder Milchprodukte haben am Abend keine verdauungszuträgliche Wirkung in unserem Körper, da sie das Vata stark erhöhen können. Laut Ayurveda sollten alle kühlenden und anregenden Nahrungsmittel ab 16.00 Uhr lieber gemieden oder reduziert werden.

Zum Abendessen bilden milde Gemüsesuppen, Eintöpfe und süße Gemüse wie Kartoffeln, Karotten, Rote Bete mit etwas ungesäuertem Brot die beste Alternative zu der herkömmlichen Brotmahlzeit. Nehmen Sie Ihr Abendessen vor 20.00 Uhr ein, denn anschließend beginnt eine neue von Kapha dominierte Phase. Besonders der Genuß von süßen, sauren, salzigen und schweren Speisen führt jetzt zu Stoffwechselstörungen, Verschlackung und Fettleibigkeit.

In der ayurvedischen Ernährungslehre werden drei regelmäßige Mahlzeiten empfohlen. Zwischen den Mahlzeiten zu essen kann die Verdauungsenergien empfindlich stören und zu Gärungsprozessen und Ama-Ansammlung im Körper führen. Doch viele Menschen haben Appetit auf Zwischenmahlzeiten oder sogar Heißhunger zwischen den Hauptmahlzeiten. In diesem Fall liegt oft eine Stoffwechselstörung, Unterzuckerung oder ein Mangel an Mineralien vor. Als Zwischenmahlzeiten werden jetzt am Vormittag frische Obst- oder Gemüsesäfte, Rohkost oder Früchte empfohlen. Auch eine Tasse Milch mit Kardamom und Ingwer oder ein Joghurt mit Nüssen kann den Körper mit den notwendigen Aufbaustoffen versorgen.
Am Nachmittag kann auch etwas Süßes und Nährendes eingenommen werden. Besonders empfehlenswert sind Reiswaffeln mit Butter und Honig, gesüßte Kräutertees und etwas Trockenobst mit Milch. Alle Zwischenmahlzeiten sollten aber mindestens zwei Stunden vor den Hauptmahlzeiten eingenommen werden, da sie sonst die Verdauungsprozesse stören können.

Leben mit den Jahreszeiten

Im Zyklus der Jahreszeiten dominiert Kapha zur kalten und feuchten Zeit, also im späten Winter und Frühjahr, Pitta im heißen Sommer und warmen Frühherbst. Das Vata steigt zu den trockenen, windigen und kalten Jahreszeiten wie Spätherbst und Winter an.

Diesen Rhythmus erleben viele Mischkonstitutionen besonders intensiv, da sich ihre alltäglichen Bedürfnisse und Ernährungsgewohnheiten mit den Jahreszeiten stark verändern.

Der Frühling

Der Frühling ist die natürliche Entgiftungszeit des Körpers, denn während des Winters haben sich im Organismus viele Schlacken und Fettdepots angesammelt. Der Körper beginnt im Frühjahr, die Wärme abzugeben, die er im Winter speichern mußte, und sich so auf die Hitze des Sommers vorzubereiten.

Im Frühling ist im Körper das Kapha-Dosha vorherrschend, das unter anderem in der »Frühjahrsmüdigkeit« und dem Hang zu Erkältungen seinen Ausdruck findet. Außerdem regt die Zunahme des »Kälteprinzips« die Schleimproduktion an, und das Verdauungsfeuer wird schwach. Deshalb sollte die Ernährung vorwiegend der Entschlackung und Anregung des Verdauungsfeuers dienen.

Aus diesem Grund wird bei uns wie in Indien das Frühjahr durch eine Fastenzeit eingeleitet – bei uns durch die 40tägige Fastenzeit zwischen Karneval und Ostern, in In-

dien von Navrata, einer neuntägigen Fastenkur. Je nach
Konstitutionstyp kann man eine reine Trinkkur oder eine
Teilfastenkur absolvieren. Dafür gibt es viele verschiedene Methoden, die individuell für jeden zusammengestellt
werden. Sehr beliebt ist eine Reinigungsform, in der für
eine Woche kein Salz und keine süßen oder sauren Speisen gegessen werden. Dies reduziert Kapha und wirkt
sehr anregend-belebend auf den Stoffwechsel.

Zur Entschlackung im Frühling sind frische Salate, Gemüse und Rohkost für jeden Körper eine wertvolle Hilfe.
Die meisten Frühjahrspflanzen enthalten viele Bitterstoffe
und fördern durch ihre zusammenziehenden Wirkstoffe
den Reinigungsprozeß. Dazu gehören neben den Salaten
auch Wildgemüse (z. B. Löwenzahn) und frische Kräuter.
Spargel, Auberginen, Zucchini, Erdbeeren, Bananen, Rettich, reife Gurken, Weizen, Buchweizen, Gerste, Kichererbsen, Dal, Linsen, Senfkörner, Kürbis, Bockshornklee,
Mangos, Äpfel, Birnen, Honig, Ingwer, Safran, Hing,
Cuminsamen und Kurkuma sind traditionell empfehlenswerte Speisen und Gewürze für den Frühling. Sie entfalten in dieser Zeit eine anregende und dhatu-erneuernde
Wirkung im ganzen Organismus.

Sehr süße, saure, ölige und schwere Speisen sollten gemieden werden. Auch Salz, Kartoffeln, Joghurt und Uradbohnen sollte man sparsam verwenden, da sie den natürlichen Reinigungsprozeß behindern können und nun die
Ansammlung von Ama fördern.

Der Sommer

Im Sommer steigt das Pitta an, und die natürlichen
Kaloriendepots des Körpers werden automatisch ver-

brannt. Dadurch entsteht im Körper sehr viel Hitze, und viele festsitzende Schlackstoffe werden freigesetzt. Dieser Verbrennungsprozeß kann den gesamten Organismus etwas träge machen und das Agni schwächen. Auch die Konzentrations- und Denkfähigkeit läßt in dieser Zeit nach. Von Kapha dominierte Menschen erleben den Sommer oft mit einem Schweregefühl und der Neigung zu Antriebslosigkeit, während vata-dominierte Menschen innerlich mehr zur Ruhe kommen und sich »in ihrem Element fühlen«, da sich ihr oft so überreiztes Nervensystem nun erholen kann.

Wichtig ist, bei heißen Temperaturen viel Wasser zu trinken und körperliche Anstrengungen zu meiden. Dies ist zum einen notwendig, um dem Körper die Flüssigkeit zuzuführen, die er durch das Schwitzen ausgeschieden hat, zum anderen, um das Blut zu verdünnen.

In dem trägen und erschöpften Sommerstoffwechsel nimmt auch das Verdauungsfeuer ab. Dieses wird nun am besten durch kühlende, saftige, frische und natürlich-süße Speisen ausgeglichen. Alle Arten von Beeren, Melonen, Pfirsichen, Birnen, Aprikosen, Pflaumen, Ananas, Trauben, Zitrusfrüchten und anderen saftigen Obstarten sind ideale Lebensmittel für den Sommer. Gurken, Joghurt und Minze helfen dem Körper, sich zu kühlen. Die Gewürze Anis, Cumin, Koriander und Rosenwasser sind ebenfalls hilfreich in dieser Jahreszeit.

Alle sauren, bitteren, zusammenziehenden und beißend scharf schmeckenden Nahrungsmittel stören im Sommer den Körper und sollten gemieden werden. Trockene und heiße Nahrungsmittel wie Kichererbsen, Senfkörner, Auberginen, Knoblauch und Gewürze wie Muskat, Lorbeerblätter, Zimt, Ingwer und Kurkuma können ebenfalls das Agni schwächen und sollten nur in geringem Maße verzehrt werden.

Der Herbst

Der Herbst ist laut Ayurveda eine sehr angenehme Jahreszeit. Der Organismus bereitet sich auf den Winter vor und sammelt Hitze, d. h., Pitta wird stark vermehrt. Aus diesem Grund sollten Lebensmittel, die Pitta beruhigen und einer eventuellen Übersäuerung entgegenwirken, bevorzugt werden. Süße, bittere und zusammenziehende Gewürze und Speisen wie Knoblauch, Bockshornklee, Ingwer, Hing, Muskat, Stangenbohnen, Auberginen, Kraut, Zucchini, Blumenkohl, Erbsen und Hülsenfrüchte mindern die Aktivität der Galle und beruhigen die Verdauung. Gerste, Mais und Reis helfen, Wärme zu speichern und sind sehr empfehlenswerte Getreide im Herbst. Geringe Mengen von Milchprodukten, süße Früchte und Trockenobst geben dem Körper Kraft und Ausdauer.

Durch das aktive Pitta ist der Herbst eine sehr vitale Jahreszeit, die sich hervorragend für Sport und Reinigungskuren eignet. Generell braucht der Körper nur relativ wenig Nahrung, da sehr viel Lebensenergie in der Atmosphäre enthalten ist. Bei Regen, Nebel und Nässe reagiert der Körper sehr empfindlich und kann durch warme und vitaminreiche Nahrung geschützt und gestützt werden.

Der Winter

Der Winter ist eine kalte und trockene Jahreszeit, in der die Natur von Vata dominiert wird. Unser Körper trocknet bei den unangenehmen Wetterverhältnissen des Winters von innen und von außen aus. Die Haut wird rauh, spröde, kalt und empfindlich, und das Immunsystem ist labil. Im Winter ist es ratsam, alle vata-erhöhenden Lebensmittel sowie kalte Speisen und Nahrungseinschränkungen in Form von Abmagerungsdiäten und Fastenkuren zu vermeiden, da sie das nun erhöhte Verdauungsfeuer schwächen. Auch bittere, saure und zusammenziehende Gemüse und Gewürze schwächen durch ihre vata-erhöhenden Eigenschaften den Körper. Der Körper benötigt im Winter viel Energie und Stabilität. Schwere, ölige und wärmende Speisen helfen ihm, diese zu gewinnen.

Generell läßt sich sagen, daß im Winter selbst schwere Speisen und Gerichte leichter als sonst verdaut werden können. So sind Nüsse, Samen, Trockenfrüchte und alle Fette (Butter, Öl, Ghee usw.) eine ideale Ergänzung für den Stoffwechsel. Kapha-anregende Getreide wie Weizen, Buchweizen und Hirse sollten Grundlage vieler Mahlzeiten sein. Hülsenfrüchte, Kartoffeln, Erbsen, Pilze, Sojabohnen, Stangenbohnen, Rote Bete, weiße Rüben, Karotten, Zwiebeln, Spinat, Käse, Eier und Milch sind ebenfalls zu empfehlen. Knoblauch, Kurkuma, Zwiebeln, Bockshornkleesamen, Kardamom, Nelken, Zimt, Lorbeerblätter, Muskat, schwarzer Pfeffer und Hing unterstützen den Stoffwechsel, stärken die Abwehrkraft und fördern das Verdauungsfeuer.

Die idealen Getränke im Winter sind warmes bzw. heißes Wasser, Kräutertees und am Morgen Ingwerwasser mit Pfefferkörnern.

Für die richtige Auswahl und Zubereitung der Nahrung sind das Wetter und das individuelle Befinden innerhalb einer Jahreszeit von großer Bedeutung. Die täglichen Speisen sollten immer einen Ausgleich zu den äußeren Umständen schaffen und so den Körper in seinem inneren Gleichgewicht halten. Sind die klimatischen Verhältnisse zum Beispiel trocken und kalt, wirken saftige und süße Speisen harmonisierend.

So empfiehlt sich im Frühling eine kapha-ausgleichende Kost mit viel bitteren Gemüsen und Salaten, flüssigen Speisen und scharfen Gewürzen. Alle sehr salzigen, schweren, gebratenen und sauren Speisen sollten gemieden werden. Ebenso können Kartoffeln, Joghurt und Uradbohnen den Stoffwechsel bei seinem natürlichen Entschlackungsprozeß im Frühjahr stören.

Im Sommer wirken alle leichten, kühlenden und feuchten Nahrungsmittel und Gewürze, wie z. B. Gurken, Melonen, Salat und Minze, als idealer Ausgleich und bestimmen den Speiseplan. Alle Lebensmittel mit einem sehr sauren, trockenen, bitteren und beißend scharfen Geschmack sollten gemieden werden, um das durch die Hitze geschwächte Agni nicht zu belasten.

Der Herbst sollte von einer kraftspendenden und ausgleichenden Ernährung geprägt sein. Durch die starken Temperaturschwankungen und die vermehrte Nässe neigt der Körper zu Instabilität und benötigt viele Aufbaustoffe als Vorbereitung auf die auszehrende Winterzeit. Warme und vitaminreiche Nahrung sowie süße, bittere und zusammenziehende Gewürze helfen, den Stoffwechsel auszugleichen und einer Pitta- oder Vata-Störung vorzubeugen.

Im Winter kann der Organismus mit einer warmen, öligen und saftigen Nahrung das rauhe und trockene Klima ausgleichen. Schwere Speisen (wie z. B. Hülsenfrüchte, Kartoffeln und Getreide) und süßliche Gewürze geben ihm die notwendige Substanz und Stabilität, um den harten Klimabedingungen gewachsen zu sein.

	Kapha	Pitta	Vata
Tageszeit	7–11Uhr 19–23 Uhr	11–15 Uhr 23–3 Uhr	15–19 Uhr 3–7 Uhr
Jahreszeit	Frühjahr 7.2.–7.6.	Sommer Herbst 7.6.–7.10.	Herbst Winter 7.10.–7.2.
Mahlzeiten	leichtes Essen vor 8 Uhr	Hauptmahlzeit 12–13 Uhr	wärmendes Essen vor 19 Uhr

Zusammenspiel von Tages- und Jahreszeiten mit den vorherrschenden Doshas und den Mahlzeiten

Ernährung und Konstitution

Die ayurvedische Ernährung hat viele Aspekte, doch um die komplexe Vielseitigkeit der Ayurveda-Küche zu begreifen, ist es notwendig, die allgemeinen Ernährungsrichtlinien auf die individuelle Konstitution und ihre Störungen zu beziehen. Weitere Faktoren, die über das Wohlbefinden des einzelnen bestimmen, sind unter anderem sein Lebensalter, belastende Umweltfaktoren und sein emotionaler Zustand.

Das Ayurveda lehrt uns eine Ernährungsweise, die das physische wie psychische Wohlbefinden stärkt. Jeder Konstitutionstyp neigt zu bestimmten Beschwerden und hat spezifische Eigenschaften und Neigungen, die sich in seinem Lebensstil und seinen Ernährungsgewohnheiten widerspiegeln. Diese richtig zu interpretieren und liebevoll in Harmonie zu bringen, ist die Kunst dieser ganzheitlichen Ernährungslehre.

Ziel der ayurvedischen Ernährung ist es, die Tridoshas ins individuelle Gleichgewicht zu bringen und das Agni zu stärken. So bestimmt der Betreffende selbst mit der Auswahl, Zusammenstellung und Zubereitungsart seiner Speisen über die Vermehrung oder Verminderung der Dosha-Anteile im Körper.

Dabei ist es unerheblich, ob ein Dosha konstitutionsbedingt ständig erhöht ist oder nur kurzzeitig durch eine Störung aus dem Gleichgewicht gerät. Die spezielle dosha-ausgleichende Kost sollte so lange praktiziert werden, bis die diesbezüglichen Symptome verschwunden sind. Sind bei einer Störung mehrere Doshas gleichzeitig in Mitleidenschaft gezogen, sollte immer die ursächliche Störung zuerst behandelt werden.

Ernährungsempfehlungen für die Vata-Konstitution

Ist in einer Konstitution das Vata dominant, so ist der Stoffwechsel aktiv und bewegt und das Verdauungsfeuer meist sehr unausgeglichen und schwankend. Der Vata-Typ ist oft durch einen ungleichmäßigen Appetit und eine tiefgreifende Abneigung gegen Routine in seinen Ernährungs- und Lebensgewohnheiten gekennzeichnet.

Manchmal ist das Agni stark, und die Speisen können gut resorbiert werden, doch oft ist die Verdauungskraft sehr schwach. Starke Blähungen und Koliken, ein aufgedunsener Bauch und eine wechselhafte Verdauung (Verstopfung und Durchfall) sind die Folge eines erhöhten Vata. In vielen Fällen arbeitet der obere Verdauungstrakt zu schnell, was sich durch eine Übersäuerung des Magens bemerkbar macht, und die unteren Verdauungsorgane und der Darm sind zu träge, was oft eine Vermehrung des Vata-Ama anzeigt. Die Verdauung ist in diesem Fall schlecht, und der Stuhl ist dunkel, trocken und schwer. Die betreffende Person fühlt sich unwohl und ausgelaugt, friert leicht, hat keine Kraft und ist unruhig, zerfahren und nervös. Häufig treten Schlafstörungen, Nervenreizungen sowie Verspannungen und Schmerzen im Gliederbereich auf. Die wichtigsten Eigenschaften einer vata-ausgleichenden

Ernährung lassen sich mit den Begriffen warm, schwer, befeuchtend, nährend, beruhigend, befriedigend und erdend beschreiben. Warme Speisen, Eintopfgerichte und einfache, schwach gewürzte Mahlzeiten wirken besonders wohltuend.

Ist das Vata durch eine Störung oder konstitutionsbedingt erhöht, sollte der Körper neue Kraft gewinnen und sich stabilisieren und der Stoffwechsel mit vitalstoffreicher Kost unterstützt werden. Um das Vata langfristig in Harmonie zu bringen, ist eine ruhige und beständige Lebensweise erforderlich. Streß, innere Anspannung und Ängste müssen abgebaut werden, um eine langfristige Verbesserung des Gesamtzustandes zu gewährleisten.

Ein Vata-Typ hat oft ein sehr schwaches Agni, und so entscheidet die Lebensenergie der Speisen (Prana) über ihre Verdaulichkeit. Aus diesem Grund sollten die Speisen immer frisch zubereitet werden, eine einfache Zubereitungsform haben und keineswegs aufgewärmt werden. Eine ausgewogene Mahlzeit ist überwiegend aus saftig gekochten Gemüsen und Getreiden, die mit milden Gewürzen und ausreichend Ghee oder Öl zubereitet werden, zusammengestellt.

Alle schwer verdaulichen Nahrungsmittel wie z. B. Hülsenfrüchte, Kohl, Pilze, Paprika, Nüsse, Fleisch und alle sehr anregenden Speisen wie z. B. rohe Zwiebeln, bittere Salate, Knoblauch, scharfe Gewürze sollten nur sehr wenig und wenn, dann zur Mittagszeit gegessen werden. Sehr trockene Speisen, wie Hirse, Bohnen und Brot sowie alle bitteren Speisen und Gewürze wirken vata-erhöhend und sollten ebenfalls gemieden werden.

Speziell am frühen Morgen, am Abend und in der kalten

Jahreszeit dürfen keine kalten Speisen wie zuviel Rohkost, Früchte oder Salate gegessen werden.

Der von Vata dominierte Körper ist oft sehr trocken und kalt. Warme Speisen oder Getränke mit süßen und erwärmenden Gewürzen wie Anis, Fenchel, Zimt oder Ingwer wirken jetzt aufbauend und harmonisierend.

Um den Organismus und das Nervensystem zu stabilisieren, sollten Lebensführung und Mahlzeiten immer einen regelmäßigen Rhythmus haben. Als ideale Zeit zur Bettruhe wird die Zeit ab 21.00 Uhr empfohlen. Eine kleine Mittagsruhe oder entspannende Verdauungspause nach dem Essen ist ebenfalls sehr beruhigend und stärkend und hilft, die Bildung von Vata-Ama zu verhindern.

Eine ruhige und bewußte Atmosphäre während der Mahlzeiten ist speziell bei einer Vata-Erhöhung notwendig, um die Lebenskraft der Speisen umzusetzen und Blähungen zu vermeiden. Ebenso ist eine entspannte und gleichmäßige Atmung sowie ein tägliches Yoga- und Entspannungsprogramm bei einem vata-dominierten Typ äußerst hilfreich zum Ausgleich seiner Konstitution. Dies hilft nicht nur, Streß, innere Unruhe und Nervosität besser zu verarbeiten, sondern wirkt auch stoffwechselanregend.

Es passiert oft, daß Vata-Menschen von einem plötzlichen Heißhunger oder Energieabfall zwischen den Mahlzeiten heimgesucht werden. Dieser sollte nicht übergangen werden. Bei Bedarf können süße Früchte, nährende Getränke wie Tee mit Milch oder warme Milch mit Honig, sowie Kohlenhydrate (Brot, Reiswaffeln usw.) mit Butter oder Ghee gegessen werden. Heißes Wasser und Getränke wie Ingwerwasser und Kräutertee sollten regelmäßig über den Tag verteilt getrunken werden.

Alle chemischen Nahrungsmittelzusätze, Geschmacks-verstärker und Emulgatoren stören Vata stark und sollten aus diesem Grund unbedingt vermieden werden.

Sesamöl, Ghee, Honig, frisch gepreßte Säfte und natürlich süße und gekochte Speisen können neben einer geregelten Lebensführung ein erhöhtes Vata vermindern. Regelmäßige Darmspülungen und Einläufe mit Öl oder warmem Sud, Einölungen und Ausgleichsübungen für den Energiekörper können jede vata-dämpfende Kur begleitend ergänzen.

Empfehlenswerte Nahrungsmittel

Obst
Zu empfehlen sind alle süßlich schmeckenden und saftigen Früchte wie:
Aprikosen, Kirschen, Beeren, Datteln, Feigen, Trauben, Mangos, Papayas, Orangen, Ananas, Pflaumen.
Diese Früchte eignen sich auch als leichte Zwischenmahlzeit.

Gemüse
Sehr verträglich sind alle süßen und erdigen Gemüse wie:
Spargel, Okra, grüne Bohnen, Kohlrabi, Karotten und Rote Bete.

Proteine
Die besten vata-ausgleichenden Eiweißträger sind Ziegenfrischkäse, milder Naturjoghurt, Milch, grüne Mungobohnen und gedünsteter Fisch, da sie stärkend und leicht

verwertbar sind. Aber auch Samen, Nüsse, Hähnchen, Schafskäse und Eier sind in geringen Mengen empfehlenswert.

Alle eiweißreichen Nahrungsmittel sollten am besten zur Mittagszeit, zusammen mit gekochtem Gemüse, Reis und etwas Salat gegessen werden.

Getreide

Das beste Getreide für eine Vata-Konstitution ist Reis. Hafer, Weizen oder Dinkel sind ebenfalls empfehlenswert und können zum Frühstück oder Abendessen die Grundlage einer leicht verdaulichen Mahlzeit sein.

Gewürze

Gewürze mit einem süßlichen Geschmack und harmonisierender Wirkung wie Basilikum, Lorbeer, Zimt, Majoran, Oregano, Salbei und Thymian sind empfehlenswert. Hing, Anis, Cumin, Fenchel, Ingwer und Muskat machen den Körper warm, die Speisen leicht verdaulich und wirken Blähungen entgegen.

Weniger empfehlenswerte Nahrungsmittel

Obst

Neben sehr sauren Früchten sind Birnen, Bananen, Trockenobst und Melonen weniger empfehlenswert.

Gemüse

Ebenso können Brokkoli, Rosenkohl, Weißkohl, Sellerie,

Auberginen, Erbsen und Pilze den Organismus leicht stören.

Generell sind alle schwer verdaulichen Gemüse wie z. B. Kohl, Champignons, Paprika und rohe Tomaten weniger zu empfehlen. Diese sollten insbesondere nicht am Abend gegessen werden.

Proteine

Zuviel Joghurt, Käse, Nüsse und Fleisch (besonders zusammen mit viel Rohkost) können nicht verdaut werden und führen zu Blähungen, innerem Frösteln und Übersäuerung. Hülsenfrüchte (insbesondere Kichererbsen und Dal) sollten nur in kleinen Mengen gegessen werden.

Getreide

Hirse, Roggen und Mais sollten seltener gegessen werden, da sie von ihrer Eigenschaft her zu trocken sind.

Gewürze

Alle überwürzten und sehr bitteren oder scharfen Speisen sind nicht verträglich.

Kurkuma, Safran, Petersilie, Koriander und Bockshornklee sollten sehr sparsam verwendet werden.

Ernährungsempfehlungen für die Pitta-Konstitution

Ist in einer Konstitution das Pitta ausgeprägt, so ist das Verdauungsfeuer von Natur aus stark und stabil und die betreffende Person besitzt viel Energie, Lebenskraft und eine robuste Gesundheit. Ist Pitta erhöht, brennt das Agni zu stark. Der Betreffende »verbrennt sich quasi selbst«, leidet unter Heißhunger, brennendem Gefühl im Verdauungstrakt und saurem Aufstoßen. Der Stoffwechsel ist übersäuert, und es können Beschwerden im Magen-Darm-Trakt, Sodbrennen und Kopfschmerzen auftreten. Die betreffende Person fühlt sich oft »wie im Feuer«, sie ist voll innerer Spannung und ungezügelter Kraft, neigt zu Nervosität oder emotionalen Ausbrüchen und schwitzt leicht. Ist Pitta zu schwach, brennt das Agni nur wenig, und der Stoffwechsel »läuft auf Sparflamme«. Müdigkeit, Völlegefühl und Blähungen treten in diesem Stadium gerne auf.

Die gestörte Pitta-Energie wird oft mit einem Strohfeuer verglichen, es brennt eher ungleichmäßig heiß und hoch, hat jedoch keine echte Hitze und Intensität. In diesen Zuständen ähneln sich die Pitta- und Vata-Störungen des Agni sehr. Bei beiden liegt eine Verdauungsstörung und Übersäuerung vor, die auch ihre Spuren in der aufgewühlten Gemütslage hinterläßt. Die emotionale Pitta-Energie ist jedoch auch in diesem Stadium noch zielgerichtet, während die überhöhte Vata-Energie oft chaotisch, unstrukturiert und zersetzend wirkt. Körperliche Arbeit und Sport lindern diese pitta-bedingten Agni-Störungen, können aber die vata-bedingten Störungen des Agni verstärken.

Die wichtigsten Eigenschaften einer pitta-ausgleichenden Ernährung sind kühl, leicht, trocken und ein wenig schwer. Sehr feuchte, ölige, scharfe und salzige Speisen sollten nur selten gegessen und im Sommer ganz gemieden werden.

Ist Pitta durch eine Störung oder konstitutionsbedingt erhöht, sollte das Verdauungssystem wieder beruhigt, das Verdauungsfeuer stabilisiert und der Stoffwechsel entsäuert werden. Die emotionale Anspannung wird am besten durch körperliche Aktivität wie Sport oder Gartenarbeit harmonisiert. Um die Verdauungskraft zu optimieren, ist es für die Resorption entscheidend, daß die Nahrung gekaut und eingespeichelt wird. Leicht verdauliche Nahrungsmittelkombinationen sind ebenfalls sehr empfehlenswert. Um das Pitta zu stärken, sollten die Mahlzeiten nicht zu groß sein (ca. $1/3$ des Magens sollte ungefüllt bleiben) und vorwiegend aus knackig gedünstetem Gemüse, frischen Salaten und Rohkost, vollwertigem Getreide (insbesondere Reis, Hafer, Gerste) oder Eiweißprodukten sowie mindestens 2 TL Ghee bestehen.

Der saure und salzige Geschmack kann bei einer Pitta-Erhöhung sehr schädlich wirken. So sollten alle sauren Früchte und Gemüse, Essig, Alkohol, Kaffee, Fleisch und andere säuernde Speisen eine Zeitlang gemieden werden. Weizen- und Sojaprodukte sind ebenfalls weniger empfehlenswert, da sie bei einem schwachen und übersäuerten Stoffwechsel Calcium binden und Allergien auslösen können.

Um die bei einer Pitta-Störung oft aus dem Gleichgewicht geratenen Emotionen zu harmonisieren, ist ein tägliches Bewegungstraining zur produktiven Umsetzung aller überschüssigen oder unkoordinierten Energien sehr zu empfehlen. Bewußte Atemübungen und das Singen von spirituellen und fröhlichen Liedern gleichen ebenfalls angestaute Gefühle aus.

Auf der therapeutischen Ebene werden regelmäßige Rohkost-, Saft- oder Obsttage, Abführen und Gheebehandlungen empfohlen. All dies verringert das Pitta und lindert dessen Beschwerden. Herbe und süße Kräuter und Gewürze gleichen Pitta aus und führen es zu seiner gewohnten Stabilität.

Empfohlene Nahrungsmittel

Obst
Äpfel, Kirschen, Feigen, Trauben, Mango und Melone sind die am meisten zu empfehlenden Früchte.

Gemüse
Es sind alle Gemüsesorten sehr zu empfehlen, insbesondere grüne und gelbe. Spargel, Brokkoli, Rosenkohl, Weißkohl, Okra, Erbsen, Sellerie, Kartoffeln, Gurken, grüne Bohnen, Paprika, Pilze, Zucchini, frische Keimlinge und alle Blattsalate (vor allem Kopfsalat) wirken besonders ausgleichend auf die Pitta-Konstitution.

Proteine
Ist das Agni stark, können alle eiweißreichen Nahrungsmittel (außer Fleisch) sehr gut verdaut werden. Nüsse, Samen und Hülsenfrüchte (insbesondere Dal-Linsen, Mungobohnen und Kichererbsen) sind besonders empfehlenswert.

Getreide

Alle Getreidearten, allen voran Gerste, Hafer und Reis, sind sehr gut verdaulich.

Fette

Fettreiche Nahrung ist für eine ausgewogene Pitta-Konstitution notwendig. Oliven- und Sesamöl, Butter und Ghee sind zu empfehlen. Ein überhöhtes Pitta kann durch Ghee reduziert werden.

Gewürze

Alle bitteren, süßen und schweren Gewürze, wie Zimt, Koriander, Fenchel, Kurkuma, Safran und Dill harmonisieren. Kardamom schmeckt süßlich und wirkt kühlend.

Weniger empfehlenswerte Nahrungsmittel

Obst

Alle Zitrusfrüchte wie Orangen, Pampelmusen usw. und alle sauren Früchte wie Ananas, Sauerkirschen oder Johannisbeeren sollten eher gemieden werden. Bananen und saure Äpfel werden ebenfalls weniger empfohlen.

Gemüse

Sauerkraut, Rettich, Spinat, Tomaten, Rhabarber, Peperoni nur in sehr kleinen Mengen essen.

Proteine

Säuernde Eiweiße wie Fleisch, Buttermilch und Kefir sollten nur in kleinen Mengen verzehrt werden.

Getreide
Roggen, Mais und Hirse sind weniger empfehlenswert.

Gewürze
Chili, Kreuzkümmel, Senf und Knoblauch in großen Mengen sind wegen ihrer starken Reizwirkung weniger verträglich.

Ernährungsempfehlungen für die Kapha-Konstitution

Ist in einer Konstitution Kapha vorherrschend, sind der Stoffwechsel und die Verdauung eher träge und das Agni schwach. Die Nahrung wird nicht vollständig verdaut, und Völlegefühl und Magenschmerzen können nach den Mahlzeiten auftreten. Die betreffende Person fühlt sich oft müde, träge und antriebslos. Der Körper bildet durch mangelnde Ausscheidung ein Übermaß an Ama – es kommt zu Übergewicht, aufgeschwemmtem Körpergewebe und starker Verschlackung.

Um den kapha-betonten Stoffwechsel auszugleichen, empfehlen sich alle Nahrungsmittel, die scharf, leicht, trocken, zusammenziehend, bitter und heiß sind.

Süße, saure, schwere, ölige, salzige und kalte Nahrungsmittel wirken besonders störend am Morgen, späten Abend und im Frühjahr. Ist Kapha durch eine Störung oder konstitutionsbedingt erhöht, so sollte die Ernährung generell darauf ausgerichtet sein, die Verdauungskraft zu verstärken und den Abbau von Ama anzuregen. Beides geschieht durch die Aktivierung des Bewegungsprinzips im Körper. Mit einem regelmäßigen Bewegungsprogramm (Gymnastik, Yoga, Spaziergänge), Atemübungen und leichten luftigen Speisen kann das Vata-Dosha etwas verstärkt werden und damit kapha-reduzierend auf den Körper einwirken.

Um das Verdauungsfeuer anzuregen, sollten vorwiegend warme, leichte und trockene Speisen sowie Getränke auf dem Programm stehen. Scharfe, bittere und anregende Gewürze, bittere Gemüse und Salate sowie herbe Kräuter fördern ebenfalls die Verdauungskraft. Da Kapha-Typen sehr gerne essen, sollten die Mahlzeiten immer appetitanregend mit viel Salat, Gemüse und Suppen zubereitet und angerichtet sein. Eine leicht verdauliche Kost, die die Zusammenstellung von Eiweiß und Kohlenhydraten meidet, ist nun sehr erleichternd und gewichtsreduzierend. Frisch gepreßte Gemüse- und Salatsäfte mit einem Anteil aus etwas bitter schmeckenden Blattgemüsen (Spinat, Endivien, Romanasalat) stärken das Enzymsystem und fördern die Entschlackung. Als zusätzliche Kurmaßnahme dürfen sie regelmäßig getrunken werden.

Bei einem starken Übermaß an Kapha sollten alle eiweißreichen Speisen immer ohne Kohlenhydrate und Fette gegessen werden. Alle gebratenen, schweren, sehr fettigen und übermäßig salzigen Speisen sollten ebenso vermieden werden wie zuviel Käse oder tierische Eiweiße. Regelmäßige Mahlzeiten helfen dem Verdauungssystem, sich zu stabilisieren und die Nahrung besser zu verwerten. Frühstück und Abendessen sollten nur aus kleinen Mahlzeiten bestehen, denn hier ist die Verdauungskraft gering.

Für eine Kapha-Konstitution ist Milch kein optimales Nahrungsmittel, da sie stark verschleimend wirkt. Sie sollte grundsätzlich allein und auch jetzt nur in geringen Mengen getrunken werden. Eine Gewürzmischung aus Kardamom, Kurkuma und Ingwer hilft, das Milchfett besser zu verdauen. Auch Zimt, Vanille, Kreuzkümmel und Pfeffer stellen für den Kapha-Stoffwechsel eine Hilfe zur Milcheiweißverwertung dar.

Das Wichtigste, um einen trägen Kapha-Stoffwechsel anzuregen, ist ein tägliches Bewegungsprogramm und frische Luft. Sehr zu empfehlen sind ein ca. 15minütiger Yogazyklus vor dem Frühstück und vor den anderen Mahlzeiten ein ca. 10minütiger Spaziergang.

Ein leichtes Frühstück mit Obst oder Gerstenbrei, das Einhalten der Verdauungszeiten und genügend Flüssigkeit über den Tag verteilt, helfen dem Körper ebenso auszuscheiden, wie ein halber Liter warmes Wasser direkt nach dem Aufstehen. Um die geistige Flexibilität zu fördern, eignen sich das Erlernen von Sprachen und Mathematik, anregende Gespräche sowie intensiver Kontakt und Austausch mit anderen Menschen. Dies beugt der inneren Trägheit und der Neigung zu Depressionen vor, die bei Kapha-Störungen typisch sind. Ein erhöhtes Kapha wird durch alle süßen, öligen und salzigen Speisen noch mehr erhöht. Als Ausnahme gelten Honig und Sesamöl, diese verringern das Kapha-Dosha. Regelmäßige Fastentage oder -kuren, Nasenspülung und Wasserspülung des Magens sind bei einer akuten oder chronischen Kapha-Erhöhung sehr empfehlenswert.

Empfehlenswerte Nahrungsmittel

Obst
Alle Früchte (außer sehr süße Südfrüchte und saure Zitrusfrüchte bei Kapha-Erhöhung) sind empfehlenswert, sollten jedoch in kleinen Mengen verzehrt werden. Besonders empfehlenswert sind Äpfel, Birnen und Beeren.

Gemüse
Um den Stoffwechsel anzuregen, sollten $^2/_3$ der Mahlzeit immer aus frischem Gemüse und Salat bestehen.
Alle Gemüse sind verträglich, insbesondere die bitteren und anregenden wie Artischocken, Chicoree, Spinat, Knoblauch oder Rettich. Spargel, Brokkoli, alle Kohlsorten, Auberginen, Okra und frische Keimlinge sind ebenfalls sehr empfehlenswert.

Proteine
Kefir, Joghurt (mit Kurkuma), gedünsteter Seefisch und geringe Mengen an Nüssen und Samen (maximal 20 g pro Mahlzeit) können als Beilage zu Gemüse, Salat und sauren Früchten verzehrt werden. Ebenfalls zu empfehlen sind etwas Schafskäse und Eier.

Getreide
Gerste, Mais, Buchweizen, Roggen und Hirse sind die verträglichsten Getreidesorten.

Fette
Sonnenblumenöl, Olivenöl, Sesamöl, Ghee

Gewürze

Alle Gewürze sind empfehlenswert; besonders bittere, scharfe und stoffwechselanregende wie Kurkuma, Chili, Knoblauch, Kreuzkümmel und Bockshornkleesamen.

Weniger empfehlenswerte Nahrungsmittel

Obst

Bananen, Aprikosen, Datteln, Trauben, Mangos, Papayas und Pflaumen sollten selten und nur in kleinen Mengen gegessen werden.

Gemüse

Gurke und Zucchini sind weniger gut verdaulich.

Proteine

Sehr schwer verdauliche Hülsenfrüchte (braune Linsen, weiße Bohnen), fetter Weichkäse und Fleisch sollten vermieden werden, ebenso Milch.

Getreide

Reis, Hafer, Weizen und Kastanien sollten selten gegessen werden.

Fette

Gebratenes Fett, Sahne und Butter können den Stoffwechsel stören.

Einfache Ayurveda-Kochrezepte zum Ausprobieren

Mit dieser kleinen Auswahl an einfachen Grundrezepten möchte ich Ihnen Möglichkeiten aufzeigen, wie Sie ihren Speiseplan ayurvedisch umstellen können. Probieren Sie doch einmal aus, wie gut es Ihnen bekommt, wenn Sie eine Mahlzeit am Tag nach den Prinzipien des Ayurveda umgestalten. Nutzen Sie die Anregung, und kreieren Sie Ihren eigenen Speiseplan.

Ghee

• • •

Ghee ist ein Grundbestandteil der indischen Küche und findet auch bei vielen Massagen und therapeutischen Anwendungen Verwendung. Ghee ist eine geklärte Butter, die durch langes Aufköcheln von Ihren Eiweißanteilen befreit wird. Damit ist es ein leicht verträgliches Kochfett, das sehr schmackhaft und bekömmlich ist, da es nicht härten kann.

In einigen Asia-Läden und Naturkostgeschäften gibt es Ghee auch fertig zu kaufen. Besser ist es jedoch, Sie stellen sich Ihr eigenes Ghee her. Das ist nicht nur preisgünstiger und schmackhafter, sondern auch viel gesünder. Denn Ghee ist im Ayurveda ein Energieträger, der die feinstofflichen Kräfte der betreffenden Person aufnimmt und transformiert.

So wird's gemacht:

Schmelzen Sie in einem schweren Topf die gewünschte Menge Butter (z. B. 500 g) bei möglichst niedriger Hitze. Je langsamer die Butter schmilzt, um so goldener wird das Ghee anschließend. Lassen Sie jetzt die flüssige Butter mindestens eine halbe Stunde oder länger köcheln, bis sich der weiße Schaum auf der Butter etwas verdichtet.

Gießen Sie jetzt das Butterfett durch ein feuchtes Leinentuch oder feines Sieb in ein verschließbares Glas.

Wenn Sie ein therapeutisches Ghee machen möchten, müssen Sie es so lange kochen lassen, bis kein Wasser mehr enthalten ist. Traditionell wird Ghee, das speziell für Massagen und Anwendungen hergestellt wird, fünf Stunden geköchelt, dann abgesiebt und noch fünf Stunden weitergeköchelt.

Leckere Frühstücksvariationen, Zwischenmahlzeiten und kleine Snacks

Lassi

• • •

Lassi ist ein erfrischendes Joghurtgetränk, das den Körper kühlt und das Verdauungsfeuer ausgleicht. Besonders geeignet ist es als Zwischenmahlzeit am Vormittag oder bei Heißhunger vor den Mahlzeiten. Durch die Mischung von Joghurt, Buttermilch und Wasser ist das Milcheiweiß besonders leicht verdaulich und schenkt dem Körper wertvolle Aufbaustoffe. Die Zubereitung ist ganz einfach: Alle Zutaten in einen Mixer geben und schaumig rühren.

Lassi, süß

100 ml Joghurt, natur
2 EL Vollrohrzucker
100 ml Buttermilch oder Milch
je 1 Prise Kardamom,
200 ml Wasser
Safran und Vanille

Dieses Lassi wirkt spürbar ausgleichend bei sehr scharfen Speisen und wird für alle Konstitutionstypen empfohlen.

Lassi, salzig

100 ml Joghurt, natur
½ TL Salz, wenn möglich Steinsalz
100 ml Milch
1 MS Cumin oder Muskat
200 ml Wasser

Dieses Lassi ist sehr wohltuend an heißen Tagen. Es erfrischt Körper und Geist und ist gut für das Vata-Dosha.

Lassi, Papaya

100 ml Joghurt, natur
1 TL Vollrohrzucker, 1 MS Zimt
150 ml Buttermilch
Fruchtfleisch einer ½ Papaya
150 ml Wasser

Papaya-Lassi ist sehr magenfreundlich und ausgleichend bei Übersäuerung, Magenbrennen, Sodbrennen und Reizbarkeit.

Lassi, Mango

100 ml Joghurt, natur
150 ml Wasser
150 ml Buttermilch oder Milch
Fruchtfleisch einer ½ Mango
1 MS Kardamom

Durch seine zartcremige Substanz ist Mango-Lassi außerordentlich köstlich und sättigend. Durch den hohen Gehalt an Vitamin A und Eisen wirkt es aufbauend auf die Dhatus und Stoffwechselfunktionen. Es ist gut für die Leber und wird Frauen in der Menopause als Stärkungsmittel besonders empfohlen.

Frühstücksrezepte

Aprikosen mit Milch und Safran

Dieses Rezept ist ein Rasayana, das dem Körper Kraft gibt und ihn vitalisiert. Es eignet sich sehr zum Frühstück (besonders für Vata- und Pitta-Typen) oder als Zwischenmahlzeit bei starkem Energieabfall am Nachmittag.

4–5 getrocknete Aprikosen, ungeschwefelt
1 MS Safran
etwas Milch

Geben Sie die getrockneten Aprikosen in ein Schälchen, und bedecken Sie sie mit frischer Milch. Fügen Sie etwas Safran hinzu, und lassen Sie die Aprikosen mindestens 2 Stunden (besser noch länger) in der Milch einweichen.

Gedünstete Frühstücksäpfel

Eine schöne Frühstücksalternative, die dem Körper Ruhe, Leichtigkeit und Wärme schenkt.
Nehmen Sie 1–2 Äpfel pro Person, und schneiden Sie sie in Scheiben. Wenn Sie in den Morgenstunden einen etwas empfindlichen Magen haben oder noch müde sind, können Sie Ihren Apfel vorher schälen.
Dünsten Sie die Apfelscheiben mit etwas Ghee an, und geben Sie zum Schluß Honig hinzu. Sie können die Äpfel mit ein wenig Naturjoghurt (für Pitta-Konstitutionen), Reisbrei (Vata) oder frischen Früchten (Kapha) verspeisen.

Reis- oder Haferbrei

1 Tasse Reis- oder Haferflocken
1 MS Salz
2 ½ Tassen Wasser
1 MS Ingwerpulver

Alle Zutaten mischen und zum Kochen bringen. Umrühren und köcheln lassen, bis der Brei sämig geworden ist. Mit Honig oder Ahornsirup abschmecken. Wenn Sie möchten, können Sie auch noch 1–2 TL Weizenkeime (für Vitamin E) und etwas Zimt (harmonisierend und verdauungsfördernd) über Ihren Brei geben.

Gekochter Getreidebrei ist das am leichtesten zu verdauende Frühstück für eine Vata-Konstitution. Es macht warm und entspannt von innen heraus den ganzen Körper.

Gerstenbrei

1 Tasse Gerstenflocken
1 EL Vollrohrzucker, Succanat oder Honig, 1 MS Salz
3 Tassen Wasser

Die Gerstenflocken über Nacht im Wasser einweichen. Am Morgen mit etwas Wasser und Salz aufkochen und sämig köcheln lassen. Mit einem Süßmittel abrunden und warm verzehren.

Gerste ist ein gutes Getreide, um Kapha zu reduzieren. So bietet der Gerstenbrei eine gute Alternative zum Obstfrühstück für alle Kapha-Typen, Morgenmuffel oder in einer kapha-reduzierenden Diät.

Gewürzte Milch

Pro Person 250 ml frische Vollmilch
1 El Vollrohrzucker
½ TL Gewürzmischung, je nach Konstitution

Milch erhitzen und die Gewürze und das Süßmittel untermengen.

Heiße Milch wird im Ayurveda als substanzspendendes und ausgleichendes Frühstück sehr empfohlen. Nehmen Sie die Milch allein, d. h. ohne andere Speisen ein. Ausgewählte Gewürze machen die Milch je nach Konstitution bekömmlicher:

Vata: Safran, Vanille, Fenchel, Ingwer
Pitta: Zimt, Kardamom
Kapha: Kurkuma, Cumin, Nelke

Gemüsegerichte

Gemüse im Gewürzsud

Frische Gemüse sind Hauptbestandteil der ayurvedischen Ernährung. Sie versorgen den Körper mit allen Mineralien, Vitaminen und Enzymen, die er braucht. Je nach Funktionsweise des Agni und Verteilung der Doshas im einzelnen sollten bestimmte Gemüse bevorzugt und unterschiedlich zubereitet werden. Für vata-betonte Menschen ist es wichtig, täglich frisch gekochte Gemüse, die weich, saftig und mit milden Gewürzen zubereitet wurden, zu verspeisen. Pitta-Menschen dürfen viel rohes und knackig gegartes Gemüse zu sich nehmen. Sie sollten sehr scharfe Gewürze und Soßen dazu meiden.

Für Kapha-Menschen stellt Gemüse immer den Hauptbestandteil der täglichen Mahlzeiten dar. Wird es mit vielen stoffwechselanregenden Gewürzen und frischen Kräutern zubereitet, zeigen sie unmittelbar ihre belebende und vitalisierende Wirkung.

Alle Arten von Gemüse werden in der ayurvedischen Küche generell in einem Gewürzsud gegart. Dieser verleiht den Speisen nicht nur einen aromatischen und harmonischen Geschmack, sondern entfaltet in seiner Zusammensetzung auch verdauungsfördernde und dosha-ausgleichende Heilwirkungen.

Und so wird's gemacht:

Erhitzen Sie in einem schweren Topf ca. 1 EL Ghee, und lassen Sie es schmelzen. Nun geben Sie die gewünschten Gewürzsamen in das heiße Fett und lassen diese anrösten, bis die Samen auf dem Topfboden springen (Vorsicht, daß nichts anbrennt). Anschließend die gemahlenen Gewürze dem erhitzten Ghee zufügen. Rösten Sie die gesamte Gewürzmischung 1–2 Minuten unter Rühren an, und geben Sie die in den Rezepten angegebenen Zutaten hinzu. Diese werden mit dem Gewürzsud vermengt und bei sanfter Hitze gegart, bis sie den gewünschten Weichegrad erreicht haben.

Indisches Auberginengemüse

3 Auberginen
¼ TL Chilipulver
2 Zwiebeln
½ TL Koriander
5 Tomaten
½ TL Garam Masala
1 EL Ghee
1 TL Salz
1 Scheibe frischer Ingwer
frischer Koriander
½ TL Kurkuma

1. Die Auberginen waschen, halbieren, in Alufolie einwickeln und auf ein Backblech legen. Den Backofen auf 180 Grad vorheizen und die Auberginen 40 Minuten bakken. Anschließend abkühlen lassen.
2. Das Ghee in einem schweren Topf erhitzen und die Zwiebeln darin anrösten. Den Ingwer schälen, kleinschneiden und den angebräunten Zwiebeln zufügen.
3. Die Tomaten würfeln und mit dem Kurkuma und Chilipulver den Zwiebeln zufügen, umrühren und zugedeckt bei niedriger Hitze ca. 5 Minuten köcheln lassen.
4. Die Auberginenhälften aus der Alufolie nehmen und etwas abkühlen lassen. Nun die äußere Schale vorsichtig abziehen und das Auberginenfleisch kleinschneiden. In den Tomatensud geben und 10 Minuten köcheln lassen. Mit gemahlenem Koriander und Garam Masala abschmecken und mit frischem Koriander garnieren.

Indisches Weißkohlgemüse

350 g Weißkohl
½ TL Cuminsamen
200 g Kartoffeln
¼ TL Kurkuma
150 g tiefgefrorene Erbsen
½ TL Chilipulver
2 EL Essig
1 TL Korianderpulver
1 EL Ghee
½ TL Garam Masala
¼ TL Bockshornklee

1. Den Weißkohl fein schneiden, die Kartoffeln schälen und in ca. 1,5 cm große Würfel schneiden. Zusammen mit den Erbsen in einer Schüssel vermengen und 1 TL Salz und Essig hinzufügen. 10 Minuten durchziehen lassen, dann das Gemüse in ein großes Sieb geben und unter fließendem Wasser gut waschen.
2. Das Ghee in einem Topf erhitzen, den Bockskornklee und die Cuminsamen kurz darin anrösten, Kurkuma und Chilipulver zufügen.
3. Die Weißkohlmischung in den Gewürzsud geben, etwas salzen und gut umrühren. Bei schwacher Hitze zugedeckt 20 Minuten gar werden lassen.
4. Mit Koriander und Garam Masala abschmecken und heiß servieren.

Blumenkohl-Kartoffel-Curry

1 Blumenkohl
½ TL Kurkuma
kleine Kartoffeln
½ TL Curry
1 kleine Zwiebel
¼ TL Garam Masala
3 Tomaten
½ TL Koriander
1 EL Ghee
¼ TL Ingwerpulver, 1 TL Cuminsamen
2 EL Joghurt
½ TL Ajweinsamen
Salz und Pfeffer nach Geschmack

1. Den Blumenkohl waschen und in Röschen teilen, die Kartoffeln schälen und in Würfel schneiden.
2. Die Zwiebel feinhacken und mit den Cumin- und Ajweinsamen in Ghee anbräunen. Kurkuma und Currypulver hinzufügen.
3. Die Tomaten vierteln, mit dem Gewürzsud mischen und aufköcheln lassen. Nun etwas Salz, den Blumenkohl und die Kartoffelstücke dazugeben, alles gut umrühren und bei geschlossenem Deckel 10 Minuten garen lassen.
4. Sobald die Kartoffeln weich sind, den Joghurt, Koriander, Ingwerpulver und Garam Masala unter das Gemüse mischen. Mit Pfeffer und Salz abschmecken und 5 Minuten bei geschlossenem Deckel durchziehen lassen.

Frische Erbsen in Schafskäse

400 g frische Erbsen, enthülst
½ TL Kurkuma, ¼ TL Koriander, gemahlen
3 Tomaten
¼ TL Cumin, gemahlen
1 kleine Zwiebel
2 TL Ghee
¼ TL Garam Masala
1 Scheibe Ingwerwurzel
1 MS Nelke
1 grüne Chilischote
etwas Pfeffer und Salz nach Geschmack
1 TL Senfsamen
100 g frischer Schafskäse
Basilikum oder Koriander (frisch)

1. Die frischen Erbsen 10 Minuten in etwas Wasser vordünsten.
2. Die Zwiebel, den Ingwer und die grüne Chilischote gemeinsam feinhacken und die Tomaten in kleine Würfel schneiden.
3. Das Ghee erhitzen und die Senfsamen darin kurz anrösten. Anschließend die Zwiebeln mit dem Ingwer und die Chili hinzufügen und anbräunen.
4. Tomatenwürfel beigeben und unterrühren. Kurkuma, Cumin und etwas Salz dazugeben und alles 5 Minuten köcheln lassen.
5. Die Erbsen in den Tomaten-Gewürzsud geben und weitere 10 Minuten köcheln lassen.

6. Den Schafskäse in Würfel schneiden und unter das Gemüse mengen, die restlichen Gewürze (Koriander, Garam Masala, Nelke) und etwas Pfeffer hinzufügen.
7. Weitere 5 Minuten durchziehen lassen, so daß der Schafskäse etwas schmilzt, und mit frischen Kräutern garnieren.

Dieses Rezept können Sie in gleicher Weise auch mit Blumenkohl, Brokkoli, Spinat oder grünen Bohnen zubereiten.

Mildes Fenchelgemüse

4–5 Fenchelknollen
½ TL Thymian
1 kleine Zwiebel
1 MS Muskatnuß
2 TL Ghee
Pfeffer, Salz
1 TL Cuminsamen
2 EL Joghurt
½ TL Kurkuma

1. Das Ghee in einem Topf erhitzen und die Cuminsamen darin anrösten. Kurkuma hinzufügen und umrühren.
2. Die Zwiebel hacken und in den Gewürzsud geben.
3. Die Fenchelknollen waschen und in Ringe schneiden, zu den angebräunten Zwiebeln geben, unter Rühren andünsten, mit etwas Salz und Thymian würzen, etwas Wasser zufügen und 15 Minuten köcheln lassen.
4. Mit Pfeffer, etwas Muskatnuß und 2 EL Joghurt abschmecken.

Spinat mit Zwiebeln

800 g frischer Spinat oder 600 g tiefgefrorener Blattspinat
¼ TL Chilipulver, Salz
1 TL Kreuzkümmelpulver, 1 TL Kurkumapulver
2 mittelgroße Zwiebeln
1 Stück frischer Ingwer (3 cm)
1 TL Korianderpulver
2 Knoblauchzehen
125 g Sahne
4 EL Ghee, ersatzweise Butterschmalz

1. Frischen Spinat gründlich putzen, waschen und abtropfen lassen. Nach Belieben kleinschneiden. Tiefgefrorenen Spinat eventuell auch kleinschneiden. Zwiebeln schälen und in dünne Ringe schneiden. Ingwer schälen und fein reiben. Knoblauch schälen und durch die Presse zum Ingwer drücken.
2. Ghee in einer Pfanne erhitzen. Zwiebeln hineingeben und bei mittlerer Hitze dunkelbraun anbraten. Ingwer und Knoblauch dazugeben und etwa ½ Minute anbraten.
3. Chilipulver, Kreuzkümmel, Kurkuma und Koriander hinzufügen und bei starker Hitze etwa 1 Minute rösten. Spinat portionsweise in die Pfanne geben. Wenn er nach etwa ½ Minute zusammengefallen ist, die nächste Portion hinzufügen. Reichlich Salz dazugeben. Das Gericht bei mittlerer Hitze zugedeckt etwa 15 Minuten köcheln lassen.
4. Zum Schluß die Sahne vorsichtig unterrühren.

Reis, Hülsenfrüchte und Getreidegerichte

Reispulao
· · · · · ·

Reispulao ist ein gemischtes Reisgericht mit Gemüse und Gewürzen, das viele Zubereitungsvariationen kennt. Es kann als Beilage zu Hülsenfrüchten, Salat, Milchprodukten, Huhn oder Fisch gegessen sowie als einfaches Hauptgericht gereicht werden.

1 Tasse Vollkornreis (bei starkem Agni) oder Basmati-Reis (bei schwachem Agni oder als diätische Aufbaukost)

1 Tasse gemischtes Gemüse wie z. B. Erbsen, Karotten, Blumenkohl, gewaschen und geschnitten

1 kleine Zwiebel, feingehackt

1 MS Koriander

3 Kardamomkapseln

etwas Salz

½ TL Cuminsamen

2 TL Ghee

1 MS Kurkuma

3 Tassen Wasser

1. Das Ghee in einem Topf erhitzen und die Cuminsamen und Kardamomkapseln hinzugeben. Sobald die Samen etwas angeröstet sind, die feingehackte Zwiebel zufügen und anbräunen lassen. Die restlichen Gewürze untermischen und kurz anbraten.
2. Den Reis und das Gemüse zu dem Gewürzsud geben

und unter Rühren damit vermengen. Jetzt das Wasser aufgießen und den Pulao 20 Minuten köcheln lassen, bis der Reis gar ist.

3. Wenn Sie gerne etwas schärfer essen, können Sie auch noch mit etwas Chili oder schwarzem Pfeffer nachwürzen und den Pulao mit frischem Koriander und Ingwer garnieren.

Dal

Mung Dal nennt man halbierte und geschälte Mungobohnen, die in der ayurvedischen Küche zu einer schmackhaften und kraftspendenden Beilage verarbeitet werden. Grüne Mungobohnen sind wertvolle Eiweiß- und Calciumträger und werden in Indien regelmäßig als Fleischersatz gegessen. Kombiniert man Hülsenfrüchte mit Reis und Gemüse, geben sie dem Körper alle Aufbaustoffe und Aminosäuren, die er für seine tägliche Erneuerung braucht. Von den vielen traditionellen Zubereitungsformen habe ich Ihnen eine leichte und schmackhafte zum Ausprobieren herausgesucht:

1½ Tassen Mung Dal, gelbe Linsen

½ TL Kurkuma

1 TL Koriander

1 Zwiebel

½ TL Garam Masala

1 Peperoni

1 TL Salz

1 Knoblauchzehe

2 TL Ghee

1 TL Cuminsamen
3½ Tassen Wasser
1 MS Asafötida (Hing)
etwas Zitronensaft zum Abschmecken

1. Das Ghee in einem schweren Topf erhitzen und die
   Cuminsamen darin anrösten. Asafötida und Kurkuma
   hinzufügen.
2. Die Zwiebel, Peperoni und die Knoblauchzehe feinhacken, zu den Gewürzen geben und anbraten.
3. Die Linsen waschen und mit dem Gewürzsud vermengen, kurz anschmoren lassen, dann den Topf mit 3½
   Tassen Wasser auffüllen. Salz hinzufügen, umrühren
   und aufkochen lassen.
4. Sobald die Linsen kochen, die Hitze zurückschalten
   und den Dal auf kleiner Flamme köcheln lassen, bis das
   Wasser verkocht ist.
5. Nun den Dal umrühren (so wird er sämig) und mit
   Garam Masala, Koriander und Zitronensaft abschmek-
   ken.

Kichererbsen

250 g Kichererbsen
3 Nelken
1 Zwiebel
1 Scheibe Ingwer, fein geschnitten
3 Tomaten
½ TL Chili
1 EL Ghee

1 TL Salz
1 MS Asafötida
100 ml Sahne
6 Kardamomkapseln
frischer Koriander
1 Zimtstange

1. Die Kichererbsen über Nacht in Wasser einweichen. Am nächsten Tag 2 Stunden weichkochen.
2. Das Ghee in einem Topf erhitzen und alle Gewürze darin anrösten. Die Zwiebel feinhacken, hinzufügen und glasig dünsten.
3. Tomaten würfeln, in den Gewürzsud geben und mit etwas Salz aufkochen lassen.
4. Die vorgekochten Kichererbsen und Sahne zufügen und alles zusammen nochmals 15 Minuten köcheln lassen. Mit frischem Koriander dekorieren.

Reis-Mungobohnen-Suppe

¾ Tasse Reis
¼ TL Ingwer
¼ Tasse geschälte Mungobohnen
1 MS Asafötida
½ TL Cuminsamen
½ TL Salz
¼ TL schwarzer Pfeffer
2 TL Ghee

1. Den Reis und die Mungobohnen mischen und gemeinsam unter fließendem Wasser waschen.
2. Das Ghee erhitzen und die Cuminsamen darin anrösten. Die gewaschene Reis-Dal-Mischung gemeinsam mit den restlichen Gewürzen untermischen. Gut umrühren.
3. Mit 3½ Tassen Wasser aufgießen und nochmals umrühren. Eventuell nochmals mit etwas Salz, Pfeffer und frischen Korianderblättern abschmecken. Die Suppe 25 Minuten köcheln lassen und anschließend verzehren. Reis-Mungobohnen-Suppe ist eine heilsame Panchakarma-Kost, die traditionell im Rahmen von Reinigungskuren gereicht wird. Sie wirkt ausgleichend und aufbauend auf den gesamten Stoffwechsel und die Darmfunktion.

Kleine Beilagen und Dips zur harmonischen Geschmacksgestaltung

Raita

* * *

Raita ist ein mild gewürzter Joghurt mit Gurkenstückchen und wird als typische Beilage zu Reis- und Gemüsegerichten gereicht. Raita wirkt neutralisierend, nährend und leicht kühlend auf den Körper und gleicht das Verdauungsfeuer aus. Traditionell wird Raita mit etwas Cumin, Pfeffer, Salz und frischem Koriander gewürzt. Dies ist sehr wohlschmeckend und macht das Milcheiweiß im Joghurt leichter verdaulich.

250 g Joghurt
¼ TL Pfeffer
¼ Gemüsegurke
¼ TL Salz
½ TL Cumin, gemahlen
frischer Koriander

Die Gurke schälen, klein würfeln und mit dem Joghurt mischen. Die oben genannten Gewürze unterrühren und ca. 15 Minuten durchziehen lassen. Als Beilage zu Reis und Gemüse servieren.

Reis mit Raita-Joghurt ist eine kapha-nährende Mahlzeit, die in der Regel bei Kindern beliebt ist, da sie ein natürliches Gleichgewicht zu ihrem Temperament herstellt.

Chutneys

Chutneys sind kleine Soßen- und Gewürzkonzentrate, die die Geschmacksvielfalt einer ayurvedischen Mahlzeit in sich vereinigen. Eine Mahlzeit wirkt erst dann befriedigend und ausgewogen auf den ganzen Organismus, wenn alle sechs Geschmacksrichtungen darin enthalten sind. Dies bewirkt das Chutney, als eine abgerundete Mischung des süßen, sauren, bitteren, scharfen, salzigen und zusammenziehenden Geschmacks. Es wird in kleinen Mengen zu allen Hauptmahlzeiten dazugereicht, um das Essen zu vervollkommnen.

Koriander-Chutney

2 Bund frischer Koriander
50 ml Olivenöl
2 grüne Peperoni
1 TL Honig
2 Knoblauchzehen
2 EL Joghurt
Saft einer Zitrone
Salz
Alle Zutaten im Mixer fein pürieren.

Minz-Chutney

1 Bund frische Minze
½ TL Salz
1 Tomate
½ TL Pfeffer
1 grüne Chilischote
3 EL Olivenöl
Saft einer halben Zitrone
50 ml Sahne
2 TL Vollrohrzucker
Alle Zutaten mischen und im Mixer fein pürieren.

Avocadocreme

* * * * * * * * *

2 weiche Avocados
1 TL Zitronensaft
1 Bund frisches Basilikum
Pfeffer und Salz nach Geschmack
75 g Frischkäse, natur

Die Avocados schälen und vom Kern befreien. Mit den restlichen Zutaten im Mixer zu einer cremigen Paste vermengen.

Süße Nachspeisen und gesunde Naschereien

Sheera

* * * *

300 g Grieß
200 g Vollrohrzucker
125 g Butter
1 TL Safranpulver
2 EL Sultaninen
¼ TL Kardamom
450 ml Milch
2 EL Mandeln, geschält und gestiftelt

1. Den Safran mit 2 EL warmem Wasser in eine kleine Tasse geben und 10 Minuten einweichen.

2. In einem schweren Topf die Butter zerlassen und den Grieß unter ständigem Rühren darin anrösten.

3. Wenn der Grieß goldgelb ist, die Sultaninen zufügen und unterrühren.

4. Die Milch erwärmen und zu dem Grieß geben, gut mischen. Den Zucker einrühren und bei schwacher Hitze mit geschlossenem Deckel leicht simmern lassen. Ab und zu umrühren, bis der Zucker sich ganz aufgelöst hat.

5. Den Safran samt seiner Einweichflüssigkeit, Kardamompulver und die Mandeln zugeben, umrühren und heiß servieren.

Besam Laddu, süße Kichererbsenbällchen

125 g Ghee
1 EL gehackte Pistazien
250 g Kichererbsenmehl
½ TL Kardamompulver
225 g Puderzucker, gesiebt
1 TL Safranpulver
1 EL gehackte Cashewnüsse
¼ TL Muskatpulver
1 EL gehackte Mandeln

1. Das Ghee in einem schweren Topf zerlassen, das Kichererbsenmehl hinzufügen und unter ständigem Rühren ca. 30 Minuten goldbraun anbraten.

2. Den Topf vom Herd nehmen und die restlichen Zutaten zugeben. Alles gut mischen und die Masse etwas abkühlen lassen.

3. Aus der warmen Masse walnußgroße Bällchen formen und zum Tee oder als Nachtisch servieren.

Firni, indischer Mandel-Reispudding

50 g Mandeln
200 ml Milch
150 ml Sahne
½ TL Kardamom
25 g Butter
1 EL Blütenwasser
100 g Vollrohrzucker
3 EL Reismehl
etwas gehackte Mandeln und Pistazien zur Dekoration

1. Die Mandeln in etwas Wasser erhitzen, abkühlen lassen und schälen. Geschälte Mandeln in einem Topf mit Wasser bedecken und nochmals aufkochen. 10 Minuten ziehen lassen.
2. Die Mandeln mit dem Wasser in einem Mixer fein zu einer Mandelmilch pürieren. Milch, Reismehl und Kardamom unterrühren.
3. Die Butter in einem Topf schmelzen und mit der Sahne und dem Zucker verrühren, kurz aufkochen lassen.
4. Die Mandel-Reismehl-Mischung in die erhitzte Sahne geben und unter ständigem Rühren zum Kochen bringen. Mit Blütenwasser abschmecken und etwas andikken lassen.
5. In Dessertschälchen füllen und mit etwas gehackten Pistazienkernen und Mandelstiften dekorieren.

Möhrenhalwa

400 g Möhren
2 EL Rosinen
3 EL Ghee, ersatzweise Butterschmalz
300 ml Milch
3 EL Zucker
2 EL Mandelstifte oder -scheiben
1 TL Kardamompulver
2 EL Weizengrieß

1. Möhren waschen, schälen und fein raspeln. 2 EL Ghee in einem Topf erhitzen, geraspelte Möhren hineingeben. Bei mittlerer Hitze offen etwa 20 Minuten kochen lassen. Dabei häufig umrühren, damit die Möhren gleichmäßig garen und nicht anbrennen.
2. Inzwischen in einer kleinen Pfanne 1 EL Ghee schmelzen lassen. Mandeln und Grieß hineingeben und etwa 5 Minuten rösten. Pfanne vom Herd nehmen.
3. Rosinen waschen und trockentupfen. In einem großen Topf Milch mit Zucker und Rosinen zum Kochen bringen. Möhrenmasse und Mandel-Grießmasse hinzufügen und alles bei mittlerer Hitze unter ständigem Rühren etwa 15 Minuten kochen lassen, bis das Halwa eindickt. Zum Schluß Kardamom dazugeben und verrühren.
4. Das Halwa auf einen Servierteller stürzen, etwa 1 Stunde abkühlen lassen und in Stücke schneiden oder in Dessertschalen füllen.

Kapitel 5

Äußere Behandlungsmethoden

Das Behandlungskonzept der ayurvedischen Medizin beruht auf der Wiederherstellung des harmonischen Dosha-Gleichgewichts durch die Reinigung und Revitalisierung des Körpers. Alle ayurvedischen Behandlungen und Therapien zielen darauf ab, übermäßige Doshas auszuleiten oder an ihren ursprünglichen Platz zurückzubringen. So werden die Selbstheilungskräfte des Körpers wiederhergestellt, und der Organismus kann aus eigener Kraft sein inneres Gleichgewicht erlangen. Die innere Reinigung (Panchakarma), die äußere Reinigung und die Chirurgie bilden die drei traditionellen therapeutischen Maßnahmen des Ayurveda.

In diesem Kapitel möchte ich die wichtigsten der äußeren Behandlungs- und Reinigungsmethoden vorstellen.

Unter äußeren Behandlungsmethoden versteht man im Ayurveda vor allem die Massagen und Schwitzkuren. Die ayurvedischen Massagen werden mit und ohne Öl ausgeführt. Am bekanntesten sind die Ölbehandlungen (Snehana), die verschiedene Massagetechniken mit fettigen Substanzen umfassen.

Im klassischen Ayurveda dienen alle äußeren Behandlungsmethoden der Vorbereitung auf die intensiven Reinigungsprozesse des Panchakarma. Bei leichten Dosha-Störungen finden sie auch allein ihr weites Anwendungsfeld zur Wiederherstellung der gesunden Körpersäfte. Im frühen Krankheitsstadium können die verschiedenen äußeren Behandlungsmethoden in der ambulanten Therapie wunderbare Dienste leisten. Ihre Wirkung ist nun wohltuend und erneuernd für Körper, Geist und Seele. Die meisten Menschen erfahren während einer ayurvedischen Massage einen einzigartigen Genuß. Während der Ölbehandlung fühlen sie sich auf angenehmste Weise entspannt, innerlich gelöst und getragen. Mit jeder Ölung empfängt der einzelne einen Strom von Harmonie, Gelassenheit und Freude.

Die verschiedenen Techniken der Schwitzkuren regen den gesamten Körper auf vielerlei Weise in seinen Stoffwechselfunktionen an. In regelmäßiger Anwendung wirken sie vitalisierend und verjüngend. Sie unterstützen das ganzheitliche Wohlbefinden im körperlichen und seelischen Bereich.

Das Ziel aller äußeren Behandlungsmethoden besteht darin, den Organismus in seinen Reinigungs- und Erneuerungsprozessen gezielt zu unterstützen. Dazu wird als erstes der Körper mit speziell hergestellten Ölen massiert, um im Gewebe eingelagerte Gifte zu lösen und auszuscheiden. Durch die anregende Wirkung des Öls und der Massage werden Blockaden in den Körperkanälen gelöst. In der anschließenden Schwitzkur wird das Agni verstärkt, das nun das freigesetzte Ama neu verstoffwechseln kann. Zusätzlich erweitern sich durch die Wärme die Zirkulationskanäle (Srotas) im Körper. Nun können die gelösten Toxine mit Leichtigkeit auf effiziente Weise ausgeschieden werden.

Die Ölbehandlungen (Snehana)

Unter Snehana versteht man die Ölkuren, die unter anderem aus Ölsalbungen und -massagen, Ölgüssen, Bädern und medizinischen Pflastern bestehen. Snehana bedeutet übersetzt ölige Substanz. In der Snehana-Praxis kommen vor allem pflanzliche oder tierische Fette zum Einsatz, insbesondere Sesamöl, Kokosöl und Ghee.

Snehana ist aber nicht nur das Einölen der Haut. Die eigentliche Übersetzung von Snehana lautet Liebestherapie: »So wie sich frisch gefallener Schnee um einen Baum schmiegt, jede Spitze und Unebenheit sanft umhüllt, so liebevoll hüllen sich die Hände des Ayurveda-Therapeuten mit dem Öl, dem Snehana, um den Körper des Patienten.«

Diese Beschreibung vermittelt eine Ahnung von der wunderbaren Liebe und umfassenden Zärtlichkeit, mit der der Körper im Ayurveda von innen und außen mit Öl massiert, gesalbt und gebadet wird. Das Öl gilt hierbei nicht nur als Heilmittel, sondern auch als Trägersubstanz der geistigen Kräfte und wird in seiner Zubereitung auf den mit Liebe zu beschenkenden Menschen abgestimmt.

Jedes Snehana, jede fettige Substanz, hat seine speziellen Eigenschaften, die den gewünschten Therapieverlauf unterstützen oder behindern können.

Das klassische Ayurveda empfiehlt für alle Ölanwendungen vorrangig Sesamöl, da es eine stark dämpfende Wirkung auf das Vata ausübt, ohne das Kapha zu erhöhen. Sesamöl verleiht dem Organismus Kraft und Stabilität, schützt vor Hauterkrankungen und Pilzbefall, wärmt und kann als vaginales Reinigungsmittel verwendet werden.

Ist die Haut eines Menschen jedoch empfindlich oder allergisch, kann Sesamöl meiner Erfahrung nach weniger geeignet sein, da es von seinen Eigenschaften her zu dick, zu schwer und wärmend ist. In diesem Fall sollte es besser gegen Sonnenblumenöl ausgetauscht werden. Natürliches Sonnenblumenöl bietet durch seine sanften, kühlenden und ausgleichenden Eigenschaften eine gute Alternative zum Sesamöl. Zudem stellt es für alle von Natur aus warmen und hitzigen Menschen das ideale Therapeutikum dar.

Ausgelassenes Butterfett, das sogenannte Ghee, ist nicht nur ein Grundstein der ayurvedischen Küche, sondern gilt auch in der ayurvedischen Therapie als wertvoller Ölträger innerhalb einer Behandlung. Es ist besonders aufnahmefähig und hat eine regulierende Wirkung auf Vata und Pitta. Ghee besitzt die Fähigkeit, sich der persönlichen Energie eines Menschen anzupassen und diese in ihrer natürlichen Ausdrucksform zu stärken.

Insgesamt werden über 100 Rezepturen von sehr wirksamen arzneilichen Ölen in den klassischen Schriften beschrieben. Die verschiedenen Kräuterzusätze werden abgestimmt auf die Behandlungsformen, die Konstitution, den zu behandelnden Körperteil und die Krankheiten des einzelnen.

Die Einsalbung (Abhyanga)

Abhyanga ist die am häufigsten praktizierte Öltherapie im Ayurveda. Übersetzt heißt Abhyanga soviel wie »den Körper mit Öl einreiben«. Es wird aber auch, dem Wortstamm entsprechend, als »besondere Bewegung vornehmen« übersetzt. Dies bedeutet, daß alle Behandlungen mit Öl, insbesondere Massagen, mit dem Begriff Abhyanga bezeichnet werden.

Die Einsalbung mit Öl ist immer die Ausgangsbehandlung für weitere therapeutische Maßnahmen, wie zum Beispiel die verschiedenen Arten der Massage, Schwitzkuren und alle Kopfbehandlungen. Sie kann aber auch unabhängig von anderen Therapien ausgeführt werden und ist im Ayurveda ein wichtiger Teil der täglichen Körperpflege.

Zu einer Einsalbung wird auf den ganzen Körper ein medizinisch aufbereitetes Öl aufgetragen. Die Einsalbung stärkt alle Körpergewebe, schützt vor Störungen von Vata und Kapha und macht die Haut weich, warm und geschmeidig. Regelmäßig praktiziert, verleiht sie dem Menschen viel positive Kraft und Ausstrahlung. Alle Konstitutionstypen mit einem starken Vata sollten sich zwei- bis dreimal pro Woche mit leicht erwärmtem Sesam- oder Sonnenblumenöl einsalben. Dies entspannt nicht nur den gesamten Organismus und das Nervensystem, sondern hilft zudem dem Stoffwechsel, Vit. D und Calcium verstärkt aufzubauen.

Menschen, die unter einer vorwiegend kapha-bedingten Erkrankung leiden (Fieber, Verstopfung) oder ein schwaches Agni haben, dürfen keine Abhyanga durchführen, da diese die Symptome noch verstärken würde.

Über die Wirkung und den Nutzen der Abhyanga:

- Regelmäßige Ölmassagen nähren die verschiedenen Gewebearten (Dhatus) und wirken somit verjüngend auf den ganzen Organismus
- Erschöpfungszustände nach übermäßiger Arbeit oder sportlicher Betätigung werden beseitigt
- Die öligen Substanzen vermindern Vata und besänftigen Kapha
- Die Sehkraft wird verstärkt, insbesondere bei Behandlungen mit Ghee
- Man erlangt einen guten Schlaf
- Die Haut wird widerstandsfähig, geschmeidig und rein

Innerhalb einer ayurvedischen Behandlung wird die Ganzkörpereinsalbung oftmals von einem Therapeuten vorgenommen. Dieser ölt zuerst den Kopf des sitzenden Patienten ein, dann den gesamten Oberkörper, Brust, Arme und Beine des auf dem Rücken liegenden Patienten. Nun dreht sich der Patient auf die linke Seite, um sich die Flanken und Hüften einölen zu lassen. Anschließend werden dem auf dem Bauch liegenden Patienten der ganze Rücken, die Schultern und Arme, das Gesäß, die Beine und Füße mit Öl eingerieben. Ganz zum Schluß erfolgt noch einmal eine intensive Nacken- und Kopfölung im Sitzen.

Anleitung zur Selbsteinsalbung

Die Einsalbung ist eine wunderbare Therapieform für den eigenen Hausgebrauch. Abhyanga schützt uns vor Vata-Störungen und gleicht alle belastenden, kraftraubenden Lebensbedingungen von außen aus.

Massieren Sie sich zweimal pro Woche während ihrer Morgenroutine mit einem für Sie passenden Öl (s. S. 174) von Kopf bis Fuß ein. Lassen Sie das Öl jetzt 15–20 Minuten einwirken, und spülen Sie es anschließend unter der heißen Dusche mit viel Dampf wieder ab. Außer für die Haare brauchen Sie in der Regel kein Reinigungsmittel.

Legen Sie sich anschließend für 10 Minuten in die Sonne oder in ein warmes Bett. Jetzt kann sich die reinigende und dosha-ausgleichende Wirkung der Einsalbung im ganzen Körper entfalten.

Bei offenen Wunden, akutem Fieber, Erkältungskrankheiten mit starker Verschleimung, Verdauungsstörungen und extremen Kapha-Störungen sollten Sie keine Einsalbung vornehmen.

Die ayurvedische Ölmassage

Die klassische Ölmassage im Ayurveda wird von zwei Therapeuten mit vier Händen im synchronen Ablauf ausgeführt. Die Massage ist eine der ältesten Therapieformen im Ayurveda. In den alten Texten wird darauf hingewiesen, daß man soviel Öl nimmt, daß es nach 300 Mantras (ca. 47 Minuten) vollständig einmassiert ist.

Die Ölmassagen dienen der Mobilisierung der Körperkräfte sowie der Lebenserhaltung und sind eine bewährte Technik zur Linderung starker Schmerzen. Dies zeigt uns schon die Entstehung der ausgefeilten Massagetechniken des Abhyanga. Demnach entstand die ausgefeilte Technik der Massage auf den alten Kriegsfeldern, wo die ayurvedischen Ärzte und Masseure die kämpfenden Krieger möglichst schnell wieder zu vollen Kräften und der alten Kampfesfähigkeit zurückführen sollten.

Heute wird die Abhyanga-Massage zur Vorbereitung auf die inneren Reinigungstherapien (siehe Kapitel 6) und zur Behebung von Dosha-Störungen angewendet. Wie alle Ölanwendungen wirkt die Ölmassage besonders intensiv auf das Vata ein und harmonisiert nervöse Spannungen, Hautkrankheiten und Verdauungsbeschwerden.

Jede Massage dient der natürlichen Anregung und Entschlackung des Stoffwechsels, da sich die Hitze im Körper verstärkt. Mit dem gestärkten Agni können nun Abfallprodukte wirksam ausgeschwemmt werden. Das neu entfachte Feuer wirkt sich auch positiv auf die Konzentrationskraft, Intelligenz, Jugendlichkeit und die gesamten Körperorgane aus.

Um die vielseitige Wirkungsweise der Abhyanga herbeizuführen, werden im klassischen Ayurveda zwei unterschiedliche Streichrichtungen ausgeführt. Die Ausstreichung in der Haarrichtung nennt man Anuloma. Diese zeichnet sich durch eine beruhigende und ausgleichende Wirkung aus. Das Ausstreichen gegen die Haarrichtung nennt man Pratiloma, sie ruft eine anregende und belebende Wirkung hervor.

Je nach Patient und Zweck der Massage werden diese unterschiedlichen Ausstreichungen eingesetzt.

Abhyanga in der Praxis

Massieren Sie immer in einem warmen, hellen und sauberen Raum (auch Badezimmer), der kurz zuvor gelüftet wurde. Achten Sie darauf, daß Sie nicht von lauten Geräuschen, Zugluft, grellem Licht gestört werden.

Wie Sie bereits wissen, heißen die Ölbehandlungen Snehana, was als die »Behandlung der liebenden Hände« übersetzt wird. Die liebevolle und sanfte Berührung schafft Nähe und das Gefühl von Liebe und Vertrauen. Die innere Einstellung zum Körper und die bewußte und fachgerechte Massagetechnik machen eine Einölung zur Ölmassage, der Behandlung der liebenden Hände. Falls es Ihnen nicht möglich ist, eine Abhyanga unter den liebevollen Händen zweier erfahrener Ayurveda-Therapeuten zu genießen, können Sie die Wirkung dieser heilsamen Ölmassage auch durch eine Selbstmassage annähernd erreichen.

Vielen meiner Patientinnen empfehle ich, sich regelmäßig selbst einzuölen und dieses Einölen mit einem kleinen »Selbst-Liebe-Ritual« zu verbinden. Massieren Sie hierzu nach der beschriebenen Weise den Körper ein, und sprechen Sie jeden einzelnen Körperteil an. Üben Sie sich in positiver Selbstrede: »Ich liebe meine Hände, Brust, Arme...« oder »ich mag meine Beine, Füße, Knie...«

Spüren Sie, wie Ihr Körper die ayurvedische Behandlung als Liebkosung auf körperlicher und seelischer Ebene zugleich erfährt und wie Sie Schritt für Schritt einen intensiven und liebevollen Kontakt zu sich selbst und Ihrem Körper aufnehmen.

Der positive Kontakt zum eigenen Körper ist auch die Voraussetzung zur Behandlung und Massage von anderen. In der ayurvedischen Therapie wird sehr großer Wert auf die liebevolle, reine und ausgeglichene Geisteshaltung des Therapeuten gelegt. Traditionellerweise nimmt der ayurvedische Massagetherapeut vor seinen Behandlungen ein Bad und zieht sich frische Kleider an. Zwischen jedem Patienten reinigt er sich Gesicht, Hände und durch eine kleine Meditation den Geist.

Anleitung zur Selbstmassage
Die Selbstmassage beginnt mit dem Kopf und endet an den Füßen.
Zur Vorbereitung sollten Sie ca. 40 ml Öl erwärmen und in ein wärmehaltendes Gefäß füllen. Entspannen Sie sich kurz, atmen Sie tief ein und aus. Fühlen Sie sich innerlich gelöst und ruhig? Dann können Sie mit der Massage beginnen:

1. Kopf
Träufeln Sie sich etwas Öl auf den Mittelscheitel, und massieren Sie das Öl wie beim Schamponieren mit kleinen Kreisbewegungen Richtung Ohren in die Kopfhaut.
Beugen Sie den Kopf nach vorne, und geben Sie etwas Öl an den Haaransatz im Nacken. Das Öl mit leicht kreisenden Bewegungen entlang des Hinterkopfs in Richtung Ohren massieren.
Um die Durchblutung und das Nervensystem anzuregen, können Sie jetzt mit den Fingerkuppen auf den Kopf klopfen und leicht an den Haarwurzeln ziehen. Zum Schluß

noch einmal den Kopf sanft ausstreichen und das aufge-
tragene Öl gleichmäßig über den Kopf verteilen.

2. Gesicht

Tauchen Sie Ihre Fingerspitzen in das Öl, und massieren
Sie Ihre Stirn von der Mitte ausgehend in kreisenden Bewegungen nach außen. Spüren Sie, welcher Druck und
welche Geschwindigkeit für Sie am angenehmsten sind.
Streichen Sie anschließend das ganze Gesicht von der Mitte ausgehend nach außen aus – über der Stirn, unter und
über den Augen, von der Nase über die Wangen, die
Lippen und das Kinn. Beenden Sie die Gesichtsmassage
mit einer sanften Streichbewegung von der linken Unterkieferseite zur rechten Unterkieferseite und umgekehrt.
Falls sich nicht mehr genügend Öl an Ihren Fingern befinden sollte, tauchen Sie diese zwischendurch immer wieder in das warme Öl.

3. Hals

Vom Unterkiefer sollten Sie die Hände nun zum Halsrücken bringen und den Hals hinauf- und hinabstreichen
lassen. Fassen Sie von oben den Halsrücken, und streichen Sie nach vorne den Hals hinunter. Wiederholen Sie
diesen Vorgang drei- bis viermal.

4. Arme

Nun werden die oberen Extremitäten massiert. Nehmen
Sie etwas Öl in die rechte Hand, und verteilen Sie es mit
kreisenden Bewegungen über Schultern, Ellenbogen und
Handgelenk. Die Kreise sollten klein und kräftig sein, um
die stark ausgeprägte Armmuskulatur zu durchdringen.

Streichen Sie nun die Muskeln des Ober- und Unterarms an seinen Konturen von oben nach unten aus, und fahren Sie sanft mit den Fingern am Außenarm wieder nach oben. Wiederholen Sie diesen Vorgang einige Male in harmonischem Rhythmus, und enden Sie mit einer abwärtsgerichteten Bewegung am Handgelenk. Den gleichen Massageablauf mit der linken Hand am rechten Arm ausführen.

5. Hände
Streichen Sie vom äußeren Handgelenk den Handrücken hinunter, und behandeln Sie jeden einzelnen Finger, indem Sie mit dem Daumen und Zeigefinger der massierenden Hand nach oben fahren und dann von der Fingerkuppe aus an dem Finger leicht drehen und ziehen. Streichen Sie anschließend mit dem Daumen der einen Hand die Handfläche der anderen Hand aus. Beginnen Sie am Handballen, und arbeiten Sie sich über die Handflächen bis zu den Fingeransätzen vor.
Wiederholen Sie den gleichen Massageablauf an der anderen Hand.

6. Rumpf
Nun erfolgt eine großflächige Einölung des Rumpfs. Beginnen Sie hierbei an der Schulter, und massieren Sie mit großen Kreisen den Brustraum bis zum Ende der Rippen. Arbeiten Sie immer von der inneren Mittellinie des Brustbeins nach außen, und machen Sie keine kräftigen Massagebewegungen auf den Brustbeinknochen und Rippen. Nehmen Sie nun neues Öl, und kreisen Sie sanft vom Bauchnabel ausgehend spiralenförmig über den gesam-

ten Bauchraum. Um die Darmperistaltik zu unterstützen, sollten Sie stets von rechts nach links kreisen und im Unterbauch keinen Druck ausüben.

Massieren Sie anschließend die Wirbelsäule und den Rücken vom Steißbein sanft nach oben, soweit Ihre Arme den Rücken hinaufreichen. Bitte geben Sie keinen Druck auf die Wirbelsäule, sondern nur eine liebevolle Streichbewegung.

Massieren Sie auch den seitlichen Rücken über die Rippenbögen bis zu den Schulterspitzen.

7. Beine

Als letztes werden nun die Beine und Füße mit Öl massiert. Beginnen Sie hierzu auf den Gesäßbacken mit großen Kreisbewegungen im Uhrzeigersinn. Fahren Sie am rechten Bein hinunter, und massieren Sie es mit beiden Händen, indem Sie mit der einen die Innenseite und mit der anderen die Außenseite des Beins ausstreichen. Bei Wasseransammlungen und Zellulitis können Sie auch ein wenig kräftiger streichen und die nach oben führende Bewegung betonen.

Streichen Sie nun noch die Vorderseite des Unterschenkels aus, und kreisen Sie sanft um die Kniescheibe. Dann geht es abwärts zu den Fußknöcheln, um die Sie ebenfalls sanft kreisen. Gehen Sie nun vom Knöchel über die Achillesferse zur Wade, und massieren Sie das Bein über die Kniekehle zum Oberschenkel zu Ende.

Wiederholen Sie den gleichen Vorgang mit dem anderen Bein, und wenden Sie sich zum Abschluß den Füßen zu.

Streichen Sie sanft Ihre Füße vom Fußspann bis zu den Zehen aus, und massieren Sie mit kleinen Kreisbewegungen die Stellen zwischen den Fußknochen. Massieren Sie die Zehen mit kleinen Kreisen und leichtem Abziehen an jedem Fußzeh extra, genauso, wie Sie es bereits bei den Fingern getan haben. Streichen Sie nun mit dem Restöl die Fußsohlen ein, und massieren Sie diese auch sanft an den Seiten. Wenn Sie möchten, können sie zum Abschluß mit einer kleinen Fußreflexzonenmassage auch die inneren Organe behandeln.

Beenden Sie Ihre Abhyanga, indem Sie einen Tropfen Öl in jedes Ohr und Nasenloch geben. Ihr Körper sollte nun von Kopf bis Fuß von einer Ölschicht umnetzt sein. Ist das Öl an einigen Stellen vollständig eingezogen, verwenden sie das nächste Mal etwas mehr, so daß ein Rest auf der Haut liegenbleiben kann. Erst dann ist die ausreichende Menge Öl auf Ihrer Haut. Durch die Ölmassage konnten Sie abgelagerte Schlacken in den Geweben freisetzen und die Zirkulation anregen, um die gelösten Toxine auszuschwemmen.

Lassen Sie das Öl nun 15 bis 25 Minuten einwirken, und entspannen Sie sich dabei. Ich selbst praktiziere gerne eine kleine Meditationsübung:

Visualisieren Sie, wie die heilenden Kräfte der Natur Sie durchdringen und erneuern. Stellen Sie sich bildlich vor, wie ein Mantel aus strahlend weißem Licht Sie umhüllt und wie jede Zelle Ihres Körpers dieses Licht in sich aufnimmt. Spüren Sie die neue, frische Lebensenergie, die durch jede Faser Ihres Körpers fließt.

Bedanken Sie sich bei Gott für seine Liebe und Gnade, mit der Er Sie jeden neuen Tag in Freude und Leichtigkeit das Leben genießen läßt. Wenn Sie diese Übung einmal ausprobieren möchten, bedanken Sie sich auch bei Gott, wenn Sie einmal nicht Freude und Leichtigkeit empfinden. Ihr Unterbewußtsein hört die Botschaft trotzdem und erfüllt Ihren Dank.

Nun duschen Sie das Öl mit möglichst heißem Wasser ab. Nach der klassischen Methode benutzt man als Paste, um das Öl zu entfernen, gemahlenes Kichererbsenmehl, Wasser und Milch, was vor dem Duschen auf die Haut aufgetragen wird. Wenn Ihnen das zu umständlich ist, verwenden Sie eine ph-Wert-neutrale und besonders milde Seife mit Ölsubstanzen, um die Wirkung der Abhyanga nicht zu zerstören.

Durch die heiße Dusche werden die Srotas in ihrem Körper erweitert. Nun können die durch die Massage gelösten Ablagerungen verarbeitet und ausgeschieden werden. Rubbeln Sie sich nach dem Duschen kräftig ab, um die Durchblutung nochmals anzuregen, und ruhen Sie sich dann ein wenig im Liegen aus. So kann der Entgiftungsprozeß vollendet werden.

Padabhyanga – Die ayurvedische Fußmassage

Die ayurvedische Fußmassage ist eine äußerst wohltuende und entspannende Massagetechnik, die eine erneuernde und kräftigende Wirkung auf unseren ganzen Körper hat. Eine regelmäßige Fußmassage sorgt für guten Nachtschlaf und schafft einen harmonischen Ausgleich zu den dosha-störenden Tagesaktivitäten.

Viele Reflexzonen für die lebenswichtigen Organe und Sinnesorgane befinden sich an der Fußsohle und werden bei einer gründlichen Fußmassage vitalisiert.

Für eine erfolgreiche Fußmassage ist die äußere Umgebung sehr wichtig. Gerade in den Abendstunden wirkt ein gut gelüfteter, wohlriechender, angenehm warmer und ruhiger Raum sehr unterstützend auf den entspannenden Massageablauf. Massieren Sie stets mit sauberen und warmen Händen, und achten Sie auf eine angenehme Atmosphäre. Wenn Sie möchten, können Sie die Fußmassage mit kräftigem Druck ausüben, das verstärkt ihre Wirkungsweise. Bleiben Sie mit Ihren Händen und Fingern immer an den Füßen, und verbinden Sie Ihre Bewegungen zu einer fließenden Einheit.

Anleitung zur Selbstmassage
Für Ihre Fußmassage benötigen Sie ein Handtuch, das ölig werden darf, 2 EL Oliven- oder Sonnenblumenöl oder am besten Ghee und etwas Zeit.

1. Finden Sie eine bequeme Sitzposition, in der Sie einige Zeit entspannt sitzen können. Legen Sie Ihren rechten Fuß über den linken Oberschenkel, so daß er etwas erhöht liegt, und beginnen Sie, 1 EL Ghee oder Öl auf Fuß und Knöchel zu verteilen. Streichen Sie Ihren ganzen Fuß liebevoll aus, erspüren Sie die verschiedenen Strukturen, und verteilen Sie das Ghee/Öl gleichmäßig.

2. Nehmen Sie Ihren rechten Vorderfuß und Ihre Ferse in die Hände, und kreisen Sie den Fuß im Sprunggelenk zuerst in die eine, dann in die andere Richtung, so daß er angenehm gedehnt wird.

3. Legen Sie eine Hand unter den Außenknöchel und die andere Hand mit dem Daumen nach unten an die Zehenballen, und drehen Sie Ihren Großzehenballen in Richtung Boden und Ihren Kleinzehenballen Richtung Decke. Wiederholen Sie das einige Male.

4. Massieren Sie mit Ihrem Daumen kreisend die Region zwischen Innenknöchel und Ferse. Wiederholen sie den gleichen Vorgang am Außenknöchel.

5. Massieren Sei nun mit dem Daumen in kreisenden Bewegungen die Ferse. Streichen Sie mit Ihrem Daumen die Fußsohle zwischen Ferse und Zehenballen aus, und wiederholen Sie diesen Vorgang dreimal. Dann werden die Zehenballen mit beiden Daumen kreisend massiert, beginnend am Kleinzehen-, endend am Großzehenballen.

6. Wenden Sie Ihre Aufmerksamkeit nun der Innenkante des Fußes (dem Fußgewölbe) zu. Massieren Sie diese von der Ferse bis zum Großzehenballen mit kreisenden Bewegungen Ihres Mittel- und Zeigefingers, und streichen Sie dann sanft zurück. Diesen Vorgang dreimal wiederholen.

7. Massieren Sie dann die Außenkante Ihres Fußes mit dem Daumen kreisend auf der Unterseite und den restlichen Fingern an der Außenkante (die Finger bilden eine Art Zange). Wieder herunterstreichen und insgesamt zweimal wiederholen.

8. Streichen Sie mit Ihrer ganzen Hand den Fußspann aus (Oberseite des Fußes), und streichen Sie mit den Fingerkuppen die Zwischenräume der Mittelfußknochen aus. Mit Daumen und Zeigefinger werden die Schwimmhäute (die feinen Häutchen zwischen den Zehen) ausgezogen, wieder am kleinen Zeh beginnend und am großen Zeh endend.

9. Streichen Sie mit dem Daumen an der Oberseite der Zehenballen entlang bis zum kleinen Zeh und wieder zurück, insgesamt zweimal wiederholen. Nun den kleinen Finger kreisend zwischen den Zehen dreimal hindurchstreichen, beginnend am kleinen Zeh, endend am großen.

10. Drehen Sie die Zehen nun einzeln in beide Richtungen, und ziehen Sie sie dabei leicht. Arbeiten Sie, beginnend am kleinen Zeh, endend am großen Zeh, jeweils vom Grundgelenk zur Zehenkuppe.

Zum Abschluß mit dem Daumen den Punkt zwischen dem Großzehenballen und dem breiten Ballen für zwei Minuten halten.

Herstellung und Rezepturen von ayurvedischen Ölen

Die meisten ayurvedischen Massagen und Behandlungen werden mit einer fettigen Substanz wie Öl oder Ghee gemacht.

Die Qualität und Zusammensetzung des verwendeten Öls ist für die Durchführung einer Snehana-Behandlung von großer Bedeutung, denn das Öl dient nicht nur als beruhigendes Gleitmittel, sondern ist auch eine nährende Trägersubstanz für die ihm zugesetzten Heilkräuter. Alle Öle regulieren je nach ihrer Zusammensetzung die Doshas, harmonisieren die Haut und aktivieren den Aufbau der Körpergewebe (Dhatus).

Allgemein lindern Öle Vata-Störungen, stabilisieren Pitta-Störungen und erhöhen das Kapha.

Oftmals werden innerhalb einer Behandlung verschiedene Öle verwendet, die auf die Art der Beschwerden und den zu behandelnden Körperteil abgestimmt sind.

Als Grundsubstanz der Ölrezepturen empfehle ich persönlich reines Sonnenblumenöl. Es fühlt sich für viele Konstitutionen leichter an und ist besser verträglich als das sonst übliche Sesamöl. Bei einer Fußmassage (Padabhyanga) wird traditionell frisches Ghee verwendet, denn es hat durch seine ausgleichende und leicht kühlende Wirkung den besten therapeutischen Effekt auf die Füße.

Grundrezept einer Kräuterölabkochung

Das Grundrezept zur Herstellung von ayurvedischen Ölen mit Kräuterzusätzen ist sehr einfach. Vom Mengenverhältnis her kommen auf 4 Tassen Wasser immer 1 Tasse Öl und ¼ Tasse Kräuter. Bringen Sie das Wasser in einem Topf aus rostfreiem Stahl zum Kochen. Fügen Sie das Öl und die Kräuter hinzu, decken Sie den Topf ab, und lassen Sie den Wasser-Öl-Kräutersud so lange sanft köcheln, bis das ganze Wasser verkocht ist. In der Regel dauert das zwischen vier und sechs Stunden. Lassen Sie nun das Öl etwas abkühlen, und filtrieren Sie es, indem Sie die Flüssigkeit durch ein Sieb abgießen. Sie können das Öl sofort verwenden oder in einem geschlossenen Gefäß an einem dunklen Ort lagern.

Natürlich können Sie auch eine größere Menge Öl herstellen. Multiplizieren Sie einfach die Mengenangaben mit dem gewünschten Faktor, und köcheln Sie den Kräutersud so lange, bis sich die Flüssigkeit auf ¼ eingekocht hat.

Im folgenden möchte ich Ihnen einige einfache Ölrezepturen geben, die Sie auch problemlos zu Hause ausprobieren können. Alle hier genannten Pflanzen sind in jeder Apotheke oder in Gewürzläden zu erhalten.

Die Herstellung ist für alle Öle identisch: Das Wasser zum Kochen bringen, Öl und Kräuter zusetzen, bei kleiner Flamme köcheln lassen, bis das Wasser verdampft ist und sich die Flüssigkeit auf 1 Tasse reduziert hat. Das Öl abkühlen lassen und absieben.

Vata-Öl I

4 Tassen Wasser
1 Tasse naturreines Sonnenblumenöl (oder Sesamöl)
¼ Tasse Kräutermischung aus gleichen Teilen Süßholz,
Schwarzwurz und Ingwer

Vata-Öl II

4 Tassen Wasser
1 Tasse naturreines Sonnenblumenöl (oder Sesamöl)
¼ Tasse Kräutermischung aus gleichen Teilen Nelken, Kalmus
und Ginseng

Pitta-Öl I

4 Tassen Wasser
1 Tasse naturreines Sonnenblumenöl (oder Ghee)
¼ Tasse Kräutermischung aus gleichen Teilen Fenchel, Süß-
holz und Minze

Pitta-Öl II

4 Tassen Wasser
1 Tasse naturreines Sonnenblumenöl (oder Ghee)
¼ Tasse Kräutermischung aus gleichen Teilen Fenchel und
Asparagus nigra (Spargelwurzel)

Kapha-Öl I

4 Tassen Wasser
1 Tasse naturreines Sonnenblumenöl
¼ Tasse Kräutermischung aus gleichen Teilen Rosmarin und
Salbei

Kapha-Öl II

4 Tassen Wasser
1 Tasse naturreines Sonnenblumenöl
¼ Tasse Kräutermischung aus gleichen Teilen Ingwer, Thymian und Salbei
1 TL Meerrettich

Eine Alternative zu der soeben beschriebenen Herstellungsweise von ayurvedischen Ölen ist die Verwendung eines Basisöls mit zugesetzten ätherischen Ölen. Diese Variante wird oft im kosmetischen Bereich und für die Hausanwendung empfohlen. Die Zusammensetzung der Öle ist sehr vielfältig, und ihre Herstellung spart viel Zeit. Natürlich ist die Wirkung einer medizinisch zubereiteten Ölabkochung weitaus heilsamer und intensiver.

Vata-Öle mit ätherischen Wirkstoffen

Als Basisöl oder Grundsubstanz werden für Vata Öle aus Sesam, Jojoba, Avocado, Walnuß oder Mandel empfohlen.
Als ätherische Zusätze haben sich Jasmin, Rose, Sandelholz, Kardamom, Muskat, Zimt, Lavendel, Safran, Zypresse und Weihrauch sehr bewährt.

Pitta-Öle mit ätherischen Wirkstoffen

Als Basisöl oder Grundsubstanz werden für Pitta Ghee, Sonnenblumen-, Kokusnuß- und Sesamöl empfohlen.
Als ätherische Zusätze haben sich Sandelholz, Rosenholz, Jasmin, Fenchel, Koriander, Lavendel, Pfefferminze, Limone, Orange, Flieder, Lotosblüte und Rose sehr bewährt.

Kapha-Öle mit ätherischen Wirkstoffen

Als Basisöl oder Grundsubstanz werden für Kapha Öle aus Sesam, Walnuß, Mandel und Mais empfohlen.

Als ätherische Zusätze haben sich Salbei, Myrrhe, Patschuli, Zimt, Piment, Geranium, Zitrone, Eukalyptus, Thymian und Neroli sehr bewährt.

Die Schwitzkur (Swedana)

Die Schwitzkur ist elementarer Bestandteil jeder ayurvedischen Therapie, da sie dem Körper hilft, Abfallstoffe zu verbrennen und auszuscheiden.

Unter dem Begriff Swedana werden verschiedene Formen der Schwitztherapie zusammengefaßt, die alle das Ziel haben, Überschüsse der drei Doshas zu eliminieren und das Agni anzuregen. Zur Behandlung von Störungen und Überschüssen von Vata und Kapha sind die Schwitzkuren eine bewährte Behandlungsmethode und zeigen einen schnellen Erfolg. Durch die Produktion von Schweiß werden die Körperkanäle (Srotas) gereinigt, und Vata wird reguliert. Als Folge davon werden alle Körperabfälle wie Stuhl, Urin, Gase und Schweiß wirksam beseitigt, und der Körper wird elastisch, leicht und warm.

Neben einem eingeleiteten Schwitzen durch körperliche Aktivitäten (z. B. Sport), Sonnenbaden, warme Kleidung werden insgesamt 13 klassische Swedana-Therapien beschrieben. Ihre drei Hauptgruppen sind die naß-feuchten, die heiß-trockenen und die lokalen, körperteilspezifischen Schwitzbehandlungen.

Für therapeutische Zwecke besonders gut geeignet sind die Swedanas mit feuchtem Dampf und Kräuterzusätzen. Diese wirken als Ganzkörperbehandlung oder lokal angewendet intensiv reinigend und harmonisieren das Dosha-Gleichgewicht. Die zugesetzten Heilkräuter werden je nach Bedarf mit vata-, pitta- oder kapha-senkender Wirkung zusammengestellt und verwendet.

Swedana dient als eine wertvolle Vorbereitung für alle inneren Reinigungskuren (Panchakarma). In der Regel wird es nach den Ölbehandlungen (Snehana) und vor dem Erbrechen (Vamana) ausgeführt. Zudem werden die Schwitzkuren als unabhängige Verjüngungstherapie für alle Konstitutionstypen eingesetzt und kommen durch ihre vitalisierende Wirkung bei Vata-Störungen wie Arthritis, Lähmungen, Trockenheit der Haut, Nervosität, Ohrenschmerzen, Gedächtnisverlust, Schlaflosigkeit und innerem Streß erfolgreich zum Einsatz.

Ebenso wirkungsvoll sind die Swedana-Therapien bei allen kapha-betonten Beschwerden wie Erkältungen, Husten, phlegmatischen Beschwerden, rheumatischer Arthritis, Kopfschmerzen, Harnverhaltung, Anämie, Fettsucht und Schwere in Körper und Geist.

Die günstigste Jahreszeit für Swedana ist eindeutig das Frühjahr, denn dann ist es wichtig, das Agni anzuregen, um Kapha und Ama abzubauen. Auch der Herbst und Winter eignen sich sehr gut für Schwitzkuren. Im Sommer sollten alle pitta-betonten Konstitutionen kein Swedana machen oder – falls unbedingt notwendig – dann in den frühen Abendstunden.

Bei Durchfall und Verdauungsbeschwerden aufgrund eines zu hohen Magen-Agni (z. B. Sodbrennen, Gastritis usw.), während der Menstruation oder Schwangerschaft dürfen keine Swedana-Therapien praktiziert werden. Bei körperlichem Unbehagen und negativen Symptomen wie fehlender Schweißbildung, Kältegefühl und der Verstärkung von Schmerzen sollte die Swedana-Therapie von einem wärmenden Tee aus Zimt, Kardamom, Ingwer und Ginseng begleitet und unterstützt werden. Hat der Patient jedoch starke Pitta-Symptome wie Brennen, Ohnmacht und starken Durst, ist es sehr hilfreich, einen kühlenden Tee aus Minze, Koriander und Fenchel zu reichen.

Praxis der ayurvedischen Schwitzbehandlungen

Im folgenden möchte ich Ihnen die bekanntesten und die für Sie im Hausgebrauch am leichtesten nachvollziehbaren Swedana-Therapien vorstellen. Jedes Swedana wirkt auf bestimmte Körperbereiche und Doshas besonders intensiv und wird nach Bedarf mit einer speziellen Diät, Ölung und Reinigungs-Therapie kombiniert. Der Erfolg einer Swedana-Therapie zeigt sich durch starkes Schwitzen, eine Linderung von Schmerzen und Steifheit und eine Verstärkung von Agni. Um einen vollen Therapieerfolg zu erzielen, sollte der Kopf während der Schwitzkur mit einem kühlen Tuch auf der Stirn erfrischt werden.

Upanaha – Umschlagtherapie

Unter Umschlagtherapie versteht man alle Schwitzbehandlungen, die den Patienten mit warmen Breiumschlägen an lokalen Körperzonen zum Schwitzen bringen. Die aus speziellen Getreiden, arzneilichen Ölen, Milch und Kräutern hergestellten Pasten werden auf schmerzhafte oder geschwollene Stellen aufgetragen. Diese Behandlungsweise findet im Ayurveda vor allem bei rheumatischen Beschwerden ihr Einsatzgebiet.

Als sogenannter Ganzkörperumschlag wird auch die Reismassage *Pinda Sweda* genannt. Pinda Sweda ist eine der bekanntesten Swedana-Therapien, sie bewirkt eine tiefgreifende Stimulierung der Zellerneuerung. Bei allen vatabetonten Krankheiten wie Lähmungen, Arthritis, Schlaflosigkeit, Rückbildung des Muskelgewebes und geistigem Streß wird die nährende Pinda Sweda-Therapie eingesetzt. Aber auch Kapha-Störungen wie Erkältung, Husten, Bronchialasthma, Anämie, rheumatische Arthritis, Fettsucht und Pitta-Störungen wie Gallenbeschwerden und Blutkrankheiten lassen sich mit der Reismassage wirkungsvoll behandeln.

Pinda Sweda zählt auch zu den Rasayanas, d. h. den Verjüngungsbehandlungen. Es dient hier der Gewebestraffung und Zellerneuerung sowie der geistigen Vitalitätssteigerung.

Bei der Reismassage wird der ganze Körper nach einer passenden Ganzkörpereinölung mit einem speziell auf die Behandlung abgestimmten Öl mit etwa orangengroßen Gazesäckchen abgeklopft. In den Säckchen befindet sich eine heiß-feuchte Masse aus Reis, Milch und Kräutern, die zu einem Umschlagbrei gekocht und dann in die Gazetücher gefüllt wurde.

Nun wird der Patient von zwei oder drei Therapeuten gleichzeitig mit den heißen Reissäckchen in insgesamt sieben Positionen abgeklopft und gerieben:

1. Sitzende Position, Behandlung von Armen und Schultern.
2. Auf dem Rücken liegend, Behandlung von der Taille aufwärts zur Brust und Behandlung der Beine und Hüften.
3. Auf der linken Seite liegend, Behandlung der rechten Körperseite vom rechten Fuß bis unter die Achsel des rechten Armes und von der rechten Schulter bis zu den Fingern der rechten Hand.
4. Auf der rechten Seite liegend, Behandlung der linken Körperhälfte.
5. Auf dem Bauch liegend, Behandlung der Fersen, Waden und Oberschenkel, des Gesäßes und des Rückens.
6. Auf dem Rücken liegend, nochmals die Behandlung wie in der zweiten Position.
7. Sitzende Position, Behandlung von Brust, Rücken und Beinen.

Nach der Behandlung sollte der Patient ein warmes Bad nehmen und ein wenig entspannen.

Pinda Sweda für zu Hause
Pinda Sweda ist eine recht zeitaufwendige (und Schmutz verursachende) Behandlung. Da sie keine speziellen Massagegriffe erfordert, kann sie jedoch auch von Laien leicht praktiziert werden. Probieren Sie es einfach gemeinsam

mit drei oder vier guten Freunden bzw. Freundinnen aus! Es wird Ihnen viel Spaß machen und Ihren Körper und Geist ganzheitlich beleben.

Als Massageöl zur Einsalbung vor der Pinda Sweda-Behandlung wird eine Mischung aus Sesamöl und Ghee empfohlen. Bei Vata-Störungen sollte lediglich 1 Tasse warmes Sesamöl verwendet werden, bei Pitta-Störungen ½ Tasse Sesamöl und ½ Tasse Ghee in leicht gekühlter Form und bei Kapha-Störungen ¾ Tasse warmes Sesamöl und ¼ Tasse Ghee.

Für den Pinda Sweda-Umschlag wird folgende Reis-Kräuter-Paste hergestellt:

2 Tassen Beinwell, getrocknet
4,5 l Wasser
2 Tassen Rohmilch
¾ Tasse ungeschälter Rundkornreis
4 saubere Baumwollservietten oder locker gewebte Baumwollstoff-Windeln (ca. 45 cm² groß)

1. Das Wasser in einem großen Topf zum Kochen bringen und den Beinwell hinzufügen. Kochen Sie den Kräutersud so lange, bis ¾ der Flüssigkeit verdunstet sind.
2. Den Sud absieben. Geben Sie die Hälfte (ca. 2 Tassen) in einen Topf aus rostfreiem Stahl. Die zweite Hälfte des Kräutersuds bitte warm aufbewahren.
3. Gießen Sie die Milch in den Topf mit der ersten Beinwell-Abkochung, und lassen Sie die Mischung aufkochen. Nun den Reis untermengen und die Masse bei niedriger Hitze 1½ Stunden köcheln lassen. Die Masse hat nun die Konsistenz eines dicken Porridges.

4. Breiten Sie die 4 Baumwollservietten nebeneinander aus, und geben Sie je eine Suppenkelle (ca.2/3Tasse) der Reis-Kräuter-Paste in die Mitte der Serviette. Nehmen Sie jetzt die gegenüberliegenden Enden einer jeden Serviette auf, und knoten Sie sie fest zusammen. Knoten Sie nochmals die beiden Knoten der Ecken zusammen, das macht das Säckchen stabiler. Jedes Säckchen sollte ungefähr die Größe einer Orange haben.

5. Rühren Sie nun die zweite Hälfte der Beinwell-Abkochung in den Reisbrei-Topf ein. In dieser flüssigeren Mischung können Sie Ihre fertigen Reissäckchen heiß aufbewahren und während der Behandlung immer wieder aufwärmen.

6. Nun können Sie mit Ihrer Pinda Sweda-Behandlung in der oben beschriebenen Weise beginnen. Salben Sie den zu Behandelnden zuerst mit dem Körperöl ein.

7. Beginnen Sie nun mit der Pinda Sweda-Behandlung in der sitzenden Position an Armen und Schultern und experimentieren Sie mit dem gemeinsamen Ablauf. Die Behandler sollten alle im etwa gleichen Rhythmus den Körper mit den Reissäckchen abreiben bzw. leicht - klopfen. Fragen Sie nach, welche Druckstärke und welcher Klopfrhythmus dem Patienten entspricht und ihm angenehm ist. Der Behandelte sollte sich während der ganzen Behandlung schön warm und entspannt fühlen.

Anna Lepa Sweda – Direkte Breibehandlung

Eine Breianwendung, die direkt auf den Körper aufgetragen wird, ist Anna Lepa Sweda. Diese Swedana-Therapie ist für alle Konstitutionstypen gleichermaßen geeignet und wird vorwiegend bei Gicht, rheumatischer Arthritis, schwerer Kongestion und körperlichen Schmerzen angewendet. In kurzen aufwärtsgerichteten Bewegungen verteilen hier zwei Therapeuten den angenehm heißen Anna Lepa-Brei von den Füßen ausgehend über den ganzen Körper. Der Patient bleibt circa eine Stunde warm zugedeckt in seiner Paste liegen, schwitzt und entspannt sich. Anschließend nimmt er ein warmes Ölbad mit einer speziellen pflanzlichen Abkochung.

Beginnen Sie die Behandlung, indem Sie den ganzen Körper mit Öl einreiben. Der anschließend verwendete Anna Lepa-Brei besteht traditionell aus folgenden Substanzen, die zu einer dickflüssigen Masse eingekocht und über den ganzen Körper verteilt werden:

3,8 l Wasser
2 Tassen Rohmilch
½ Tasse geschälte Gerste
¼ Tasse ganze Uradbohnen
¼ Tasse ganze Pferdebohnen
1 Tasse gemahlener Sandstein
¼ Tasse Eisenpulver

Prasthara Sweda – Schwitzen im Umschlagbett

In der Prasthara Sweda-Therapie wird ein Brei aus Mais, Mungobohnen, Milch und Kräutern hergestellt. Diese heiße Paste wird auf eine Behandlungsliege (mit passender Unterlage) verteilt und mit Weizengras zugedeckt. Der Patient wird zuerst mit Öl massiert, legt sich auf das vorbereitete Umschlagbett und deckt sich nun leicht mit einem Leinen- oder Baumwolltuch zu. Eine kochende Kräuterabkochung wird neben den Patienten gestellt, damit er die Hitze und Dämpfe des Suds zusätzlich einatmen kann.

Parisheka Sweda – Warme Dusche mit Abkochung

Unter den Begriff Parisheka Sweda (oder Drava Sweda) faßt man verschiedene bekannte Reinigungstherapien, die dem Patienten den traumhaften Genuß verschaffen, mit speziellen Flüssigkeiten auf Milch-, Öl- oder Pflanzensudbasis für längere Zeit begossen zu werden. Diese Schwitzbehandlung wird insbesondere bei Nervosität, Zysten, Tumoren, Schlaflosigkeit, Abszessen und durch Unfälle verursachten Verletzungen eingesetzt.

Pizzichil wird das Gießen von warmem medizinischem Öl auf den Körper des Patienten genannt. Hier wird der Patient nach einer Massage mit bis zu vier Litern warmem Öl fachkundig begossen. Der kontinuierliche Strahl des warmen Öls bewirkt eine tiefgehende Reinigung des Haut- und Körpergewebes und löst eine wohlige Entspannung von Körper, Geist und Seele aus.

Folgende Ölabkochungen werden verwendet:

Bei Vata-Störungen:

1 l Sesamöl

1 Goldstück von 28 g

1 l reines Ghee

1. Das Öl in einem großen Topf aus rostfreiem Stahl erhitzen und das Goldstück hinzufügen (wird nach der Behandlung wieder entfernt). Öl kurz aufkochen lassen und von der Herdplatte nehmen.

2. Nun das Ghee hinzufügen und langsam schmelzen. Mit geschlossenem Deckel 20 Minuten ziehen lassen und anschließend für den Ölguß verwenden.

Bei Pitta-Störungen:

½ l Rohmilch

½ l Wasser

½ l Sonnenblumenöl

¼ Tasse Sandelholzpulver

1. Die Milch und das Wasser in einen Topf geben und zum Kochen bringen. Fügen Sie das Öl hinzu, und rühren Sie das Sandelholzpulver hinein.

2. Die Mischung 1½ Stunden leicht köcheln lassen, bis ca. 1/3 der Flüssigkeit verdunstet ist.

3. Die Abkochung abkühlen lassen und absieben. Die klare Flüssigkeit in ein Gefäß füllen und lauwarm für den Körperguß verwenden. Die Rückstände können Sie für ein Bad nach der Behandlung aufbewahren.

Bei Pitta-Störungen kann auch reines Ghee verwendet werden.

Bei Kapha-Störungen:
1,5 l Wasser
0,4 l Sesamöl
1/8 Tasse Kardamompulver
1/8 Tasse Zimtpulver
4 TL Baldrianpulver
1. Das Wasser zum Kochen bringen und das Gewürzpulver einrühren, bis es sich aufgelöst hat. Hitze reduzieren.
2. Die Flüssigkeit 1½ Stunden köcheln lassen, bis ca. $\frac{1}{3}$ verdunstet ist. Auf eine angenehm warme Temperatur abkühlen lassen und direkt für den Körperguß verwenden.

Nadi Sweda – Örtliche Behandlung mit Dampf

Nadi Sweda ist eine der wenigen Schwitzbehandlungen, die Sie auch problemlos zu Hause praktizieren können. In dieser Art von Schwitztherapie wird der Körper mit einer Dampfdusche bearbeitet, die auf den ganzen Körper oder einzelne Körperteile (z. B. Bronchial-Brustbereich bei Asthma) konzentriert ist.

Für Nadi Sweda können Sie sich selbst einen einfachen Apparat konstruieren, indem Sie an einem Dampfkochtopf oder Kessel einen Schlauch anbringen, aus dem der

Dampf austritt. Dieser Schlauch wird nun an die gewünschten Körperzonen gehalten. Ebenso gibt es von einigen Sanitäranbietern sogenannte Dampfduschen, die sich ebenfalls für diese einfache und effektive Art der Swedana eignen.

Für Nadi Sweda werden immer Pflanzenabkochungen verwendet, die individuell auf die Doshas abgestimmt sind. Alternativ kann das Wasser auch mit ätherischen Ölen angereichert werden.

Nadi Sweda wirkt besonders wohltuend bei leichten und starken Schmerzen im Rücken und Gliederbereich, Schwere, Steifheit und Anschwellen der Gelenke, Spannungen in Gesicht, Augen und Kopf sowie arthritischen Schmerzen. Ebenso verleiht es dem Körper und Geist eine tiefe Entspannung und das Gefühl von innerer Gelöstheit und Leichtigkeit.

Kumbhika Sweda – Schwitzen mit Pflanzenabkochungen

Kumbhika Sweda ist eine der einfachsten und effektivsten Schwitztherapien. Der Patient liegt auf einer durchlässigen Behandlungsliege (Lattenrost, Seile, Leinwand), die über einer kochenden und dampfenden Pflanzenabkochung aufgebaut wird.

Diese Therapie kann auch leicht zu Hause durchgeführt werden, indem Sie unter einer Liege eine Pflanzenabkochung verdampfen lassen. (z. B. auf einer Kochplatte)

Kumbhika Sweda ist für alle Konstitutionstypen geeignet

und zeigt eine sehr ausgleichende und wohltuende Wirkung bei Nervosität, Kopfschmerzen, inneren Ängsten, Erkältungen, Grippe, Schleimansammlung, Bronchialasthma und Lethargie. Es entspannt den Körper und schenkt ihm innere Ruhe und Stabilität.

Schweißtreibende Kräuter und Abkochungen für die Swedana-Behandlung

Alle schweißtreibenden Kräuter und Substanzen, die in den Swedana-Therapien verwendet werden, heißen Swedapangana. Einige von den häufig verwendeten Pflanzen sind auch in unseren Breitengraden angesiedelt. Sehr gut geeignet für Nadi Swedana und Kumbhika Swedana sind die Kräuter Mistel, Ringelblume, Raute, Salbei, Rosmarin, Baldrian, Basilikum, Kampfer, Galgantwurzel, Angelika und Eukalyptus.

Für milde Swedana-Behandlungen, für Swedana-Anfänger, bei Pitta-Störungen oder heißem Klima haben sich Zitronenmelisse, Beifuß, Kamille, Koriander, Echinacea, Pfefferminze, Ackerschachtelhalm und Holunderblüten sehr bewährt.

Als konstitutionsbezogene Mischung haben sich folgende Rezepturen sehr bewährt:

Swedana-Kräutermischung für Vata

150 g Floris graminis
150 g Herba millifolii
150 g Tramentum avenae
150 g Floris chamomilla

150 g *Herba thymus*
150 g *Floris lavandula*

Swedana-Kräutermischung für Pitta
200 g *Floris graminis*
200 g *Floris chamomilla*
200 g *Herba millifolii*
200 g *Herba odoratae*
200 g *Tramentum avenae*

Swedana-Kräutermischung für Kapha
150 g *Folia eucalyptus*
150 g *Folia rosmarinus*
150 g *Folia salvia*
100 g *Floris lavandula*
150 g *Herba millifolii*
150 g *Herba Viola odorata*

Lassen Sie die Kräuter in der Apotheke im angegebenen Mischungsverhältnis zusammenstellen, und verwenden Sie für eine Swedana-Behandlung ca. 75 g getrocknete Kräuter. Lassen Sie diese in einem offenen Gefäß sprudelnd kochen und verdampfen.

Jentaka Sweda –
Schwitzen in der Schwitzhütte

Swedana-Therapien in der Schwitzhütte sind eine der wenigen Schwitztherapien im Ayurveda, die mit trockener Hitze, ähnlich einer Sauna, arbeiten. Diese Therapieform wird im allgemeinen überwiegend für Kapha-Störungen wie Fettsucht, Wasseransammlungen und phlegmatische Beschwerden angewendet, da sich das überschüssige Kapha mit Trockenheit gut eliminieren läßt. Eine klassische Jentaka Schwitzhütte ist eine kleine runde Hütte mit Lehmwänden und einer Feuerstelle bzw. einem Ofen in der Mitte.

Nach der Ölmassage und einer Ruhephase von 20 Minuten darf sich der Patient in die Schwitzhütte begeben. Kühlende Pads werden auf Augen und Herz gelegt und der Genitalbereich mit einem frischen Leintuch vor der Hitze geschützt. Nun schwitzt der Patient eine Weile in einer ruhigen und entspannten Körperhaltung.

Anschließend sollte er sich kurz mit lauwarmem Wasser erfrischen und angemessen warme Kleidung anziehen.

Kapitel 6

Innere Behandlungs- und Reinigungsmethoden

Unter den inneren Reinigungsmethoden versteht man im Ayurveda alle Behandlungsformen, die den Körper von innen anregen, sich zu reinigen und zu erneuern. Die inneren Kräfte werden freigesetzt, um überschüssige Doshas, Gifte und andere Störfaktoren zu eliminieren. Zu den inneren Behandlungsmethoden zählen alle lebenskundlichen Maßnahmen, Spezialdiäten, Fastenkuren, medikamentöse Therapien und die Reinigungstechniken des Panchakarmas. Diese wirken je nach Anwendung mehr oder minder intensiv auf den Heilungs- und Regenerationsprozeß des Körpers ein.

Im klassischen Ayurveda beschreibt man zwei Behandlungsstrategien zur inneren Beseitigung von Störungen: Die Verringerung und die Reinigung. Hierbei stellen die Maßnahmen der Verringerung eine sanfte und schrittweise Entschlackung dar, die jeder Mensch selbstverantwortlich in sein Leben integrieren kann. Die Techniken der Reinigung hingegen fassen die wirksamsten therapeutischen Maßnahmen der ayurvedischen Medizin zusammen. Sie werden in der Regel nur unter ärztlicher Aufsicht praktiziert.

Die Verringerung

Zu den Verringerungsmaßnahmen zählt man alle sanften Reinigungsformen, die schrittweise Störfaktoren im Körper verringern. Eine individuelle Diät, die ayurvedischen Massagen, die Reinigungstechniken des Yoga (Shat-Kriyas) und die mentalen Therapien des Ayurveda sind wichtige Stützpfeiler der Verringerungstherapie. All diese Techniken werden für die individuelle Anwendung zu Hause und bei schweren Krankheiten als Einleitung für eine intensive Reinigungskur empfohlen. Im Grunde genommen heißt Verringerung, jeden Tag etwas tun, um gesund und glücklich zu leben. Wir können unter den verschiedenen Gesundheitsempfehlungen und Behandlungsmethoden auswählen, mit welchem Mittel wir die täglichen Belastungen ausgleichen möchten, um unseren ganzen Organismus wieder in sein inneres Gleichgewicht zurückzuführen.

Die ayurvedische Lebenskunde, die ein langes Leben bei guter Gesundheit schenkt, bezeichnet man im Ayurveda als Swasta Vritta.

Swasta Vritta beinhaltet konkrete Verhaltensregeln für den Tag und die Nacht, für die verschiedenen Jahreszeiten und das Nichtunterdrücken natürlicher Bedürfnisse.

Verhaltensregeln für den Tag

Die ayurvedischen Verhaltensregeln für den Tag beginnen mit einem täglichen Morgenprogramm, das den Körper reinigt und den Geist erfrischt. Die sogenannte Morgenroutine empfiehlt frühes Aufstehen. In der indischen

Tradition steht der Yogi zwei Stunden vor Sonnenaufgang auf, um mit seiner täglichen Reinigungszeremonie zu beginnen.

Tatsache ist, daß zum Sonnenaufgang die positiven Energien sehr stark sind und wir in dieser Zeit viel Prana-Lebenskraft in uns aufnehmen können.

Stehen wir bis 6.00 Uhr morgens auf, ist unser Vata-Dosha noch aktiv. Wir fühlen uns jetzt leicht und beweglich, und der Körper befindet sich in einer natürlichen Ausscheidungsphase. Trinkt man direkt nach dem Aufstehen zwei bis drei Gläser warmes Wasser, wird die Verdauung angeregt. Nach der Stuhlentleerung kann ein kleines, den persönlichen Bedürfnissen entsprechendes Meditations- und Yogaprogramm ausgeübt werden.

Nun kann mit der Mundhygiene begonnen werden. Hier wird eine vollständige Mundpflege mit Zähneputzen, Zungenreinigung und Öl-Mundspülung praktiziert.

Für die Augen- und Gesichtspflege werden die Haut und die Augen zuerst mit kaltem Wasser gespült und anschließend sanft eingecremt. Auch die Nase wird im Morgenprogramm regelmäßig gespült, durch das sogenannte Nethi. Durch Nethi wird die Nase mit Salzwasser gereinigt und anschließend innerlich mit etwas Öl betupft.

Nun folgt eine Ganzkörper-Öl-Massage, um die beeinträchtigten Doshas zu harmonisieren. Hier wird der Körper kräftig mit dem entsprechenden Körperöl eingerieben. Man sollte so lange Öl auf die Haut geben, bis diese keins mehr aufnehmen kann, danach duschen, sich anziehen und ein leichtes Frühstück einnehmen.

Praxisanleitung für die Morgenroutine

Putzen Sie sich mit einer weichen Zahnbürste die Zähne. Verwenden Sie eine Zahnpasta ohne Fluor, und stimmen Sie den Geschmack der Zahnpasta auf Ihre Konstitution ab: Verwenden Sie bei Vata eine süßliche, bei Pitta eine bittere und bei Kapha eine scharfe Zahnpasta.

Nach dem Zähneputzen können Sie die Zunge von ihrem Belag befreien. Die Zungenreinigung verleiht dem gesamten Mundraum Frische, verhütet Mundgeruch und befreit die Zunge von ihren Ama-Absorptionen. Strecken Sie die Zunge so weit wie möglich heraus, und schaben Sie die Zungenoberfläche vorsichtig mit einem speziellen Zungenschaber oder Kaffeelöffel ab. Spülen Sie den Mundraum anschließend mit Wasser aus.

Zum Schluß Ihrer Mundhygiene spülen Sie den Mund mit 2–3 EL Sonnenblumen- oder Sesamöl aus. Nehmen Sie das Öl in den Mund, und bewegen Sie es für zwei bis drei Minuten im gesamten Mundraum (ohne es zu schlucken). Am Anfang fühlt es sich manchmal etwas unangenehm an, doch Sie werden sich sehr schnell daran gewöhnen und die Mundspülung als sehr erfrischend erleben. Behalten Sie das Öl weiter im Mund, und gehen Sie unter die Dusche.

Im Ayurveda wird sehr empfohlen, während des Duschens etwas Öl im Mund zu haben, denn dann trocknet die Haut durch das Wasser nicht aus. Nach dem Duschen können Sie das Öl in ein Papiertaschentuch spucken und in den Mülleimer werfen.

Beenden Sie Ihre Morgenroutine, indem Sie sich eincremen oder -ölen, ein paar Körperübungen machen und sich anziehen. Wenn Sie möchten, können Sie Ihre Morgenroutine noch mit einer Selbsteinölung (S. 163) oder Nethi, der Nasenspülung, bereichern.

Praxisanleitung für Nethi, die Nasenreinigung

Für diese Reinigungstechnik benutzt man eine Schnabeltasse (Nethikännchen). Diese kleine Kanne füllt man mit lauwarmem Wasser (möglichst ohne Chlor) und gibt ½ TL Salz (bei ca. ½ Liter Wasser) hinzu. Die Menge des Salzes und die Temperatur des Wassers kann so lange variiert werden, bis keine Schleimhautreizung mehr auftritt. Man führt die Schnute vorsichtig an die Öffnung eines Nasenflügels und legt, in der Hocke sitzend, den Kopf nach vorne und zur Seite, so daß die Ohren übereinander liegen. Bei geöffnetem Mund läßt man das Wasser durch ein Nasenloch hineinfließen. Wie von selbst fließt es bei einer innerlich entspannten Haltung durch die andere Öffnung wieder heraus. Man benutzt ½ Liter Wasser je Seite, die man natürlich wechselt.

Nach dieser Reinigung müssen die Nasengänge unbedingt durch forciertes Ausstoßen von Luft getrocknet werden.

Verhaltensregeln für die Nacht

Nicht nur am Tag können wir unserem Körper Gutes tun, sondern haben auch in der Nacht mit unserem Schlafverhalten einen großen Einfluß auf das tägliche Wohlbefinden.

Die Vorbereitung auf eine geruhsame Nacht beginnt schon mit dem Abendessen. Essen wir abends zuviel oder sehr schwere Mahlzeiten, findet unser Körper nicht die

Ruhe und Erholung, die er für seine Regeneration benötigt. Jede Nacht befindet sich der Stoffwechsel in einer lebenswichtigen Aufbauphase: Die Verdauungsorgane und das Agni verwerten die Nahrung des Tages und setzen diese in körpereigene Substanzen um. Die Dhatu-Agnis brennen nun ganz besonders stark, um die neuen Körpergewebe aufzubauen. Um diesen Prozeß zu unterstützen, sollten wir zwischen 21.00 und 22.00 Uhr zu Bett gehen. Normalerweise kann der Körper jetzt zur Ruhe kommen, da er sich in einer kapha-betonten Phase befindet. Auch ein kleines Entspannungs- und Meditationsprogramm sowie eine Fußmassage mit Sesamöl oder Ghee helfen, tiefen und wohltuenden Schlaf zu finden.

Der Schlafraum sollte immer gut belüftet und das Bett von Osten nach Westen ausgerichtet sein.

Natürlicher Sexualverkehr hält den Körper jung, vital und gesund. Die Art und Häufigkeit sollte jedoch auf das Alter, die Konstitution und die Jahreszeit abgestimmt sein. Sexualverkehr fördert generell das Vata-Dosha und kann so bei Menschen mit einem stark erhöhten Vata zu Kraftlosigkeit und Energieverlust führen.

Kapha-Typen dagegen werden durch regelmäßigen Verkehr vital und aktiv. In den ayurvedischen Schriften wird im Winter uneingeschränkt Sexualverkehr empfohlen, während man sich im Frühjahr und Herbst auf ungefähr dreimal die Woche und im Sommer auf zwei- bis dreimal im Monat beschränken sollte.

Sex mit unbekannten oder wechselnden Partnern, bei Krankheit und Schwäche, in der Schwangerschaft oder Menstruationszeit der Frau und mit sehr viel älteren Partnern wird nicht empfohlen. Nach dem Liebesakt sollte man ein warmes Ölbad nehmen und etwas Kapha-förderndes wie zum Beispiel eine Tasse heiße Milch mit Honig oder etwas Süßes zu sich nehmen.

Verhaltensregeln für die verschiedenen Jahreszeiten
Die zwölf Monate des Jahres werden im Ayurveda in sechs verschiedene Jahreszeiten eingeteilt. Für jede dieser Jahreszeiten gibt es spezielle Empfehlungen hinsichtlich der Ernährungsweise sowie geeigneter und ungeeigneter Reinigungs- und Behandlungsformen. Will man die ayurvedische Medizin in unseren Breitengraden erfolgreich anwenden, ist eine Anpassung an das hiesige Klima unbedingt erforderlich.

Neben den bereits beschriebenen Ernährungsempfehlungen (S. 105) enthalten die alten Schriften konkrete Therapiehinweise über die optimale Behandlungsweise der Doshas. Der August ist zum Beispiel ein sehr guter Monat, um Vata mit Darmeinläufen auszuleiten. Im November kann Pitta durch Abführen sehr gut behandelt werden, und im April läßt sich Kapha innerhalb einer Brechtherapie effektiv senken (S. 201).

Das Nicht-Unterdrücken der natürlichen körperlichen Bedürfnisse
Die natürlichen körperlichen Bedürfnisse wie Luft ablassen, Niesen, Gähnen, Urinieren usw. sind eine wichtige Reinigungsmaßnahme des gesunden Organismus. Leider ist es vielen Menschen in der modernen Arbeitswelt nicht möglich, ihren inneren Bedürfnissen gleich nachzugehen. Als höfliche und wohlerzogene Person haben wir gelernt, die natürlichen Körperdränge zu kontrollieren und zu

unterbinden. Der Körper reagiert auf diesen Zwang jedoch sehr empfindlich. Er sammelt Vata an und gerät schnell aus seinem inneren Gleichgewicht. So entstehen z. B.:

– durch das Unterdrücken des Stuhlgangs Erkältung, Kopfschmerzen, Aufstoßen, Verstopfungen und Bauchschwellungen
– durch das Unterdrücken des Urins Steifheit in der Leistengegend, Harnsteine, Nervosität und Schmerzen beim Urinieren
– durch das Unterdrücken von Niesen Migräne und Gesichtslähmungen
– durch das Unterdrücken von Durst Schwäche, Schwere, Müdigkeit und Ohnmacht
– durch das Unterdrücken des Hungers Magersucht, Auszehrung, Schwindel und Koliken
– durch das Unterdrücken des Schlafs Verdauungsstörungen, Schwindel, Gliederschmerzen und Kopfweh
– durch das Unterdrücken von Husten Schluckauf, Atemnot und Appetitverlust
– durch das Unterdrücken von Gähnen Gefühllosigkeit, Muskelzittern, Konzentrationsschwäche und Kieferverspannungen
– durch das Unterdrücken von Tränen Herzbeschwerden, Schnupfen, Bindehautentzündungen und Kopfschmerzen

Die Reinigung

Unter Reinigung versteht man im Ayurveda effiziente Entgiftungstherapien, die zur Behandlung von Krankheiten und massiven Dosha-Störungen eingesetzt werden. Ihre intensivsten Formen sind das Fasten und die Panchakarma-Techniken. Reinigung in dieser Art wirkt umfassend, tiefgreifend und intensiv. Sie wird nur unter ständiger Betreuung und der Berücksichtigung der Verfassung des einzelnen, seiner Beschwerden, seines Alters und der Jahreszeit angewendet. Innerhalb einer Reinigungskur kann es vorkommen, daß sich die Symptome der Beschwerden erst verschlimmern und dann vom Körper eliminiert werden. In diesem Prozeß sollte der Patient keinesfalls sich selbst überlassen sein, sondern von fachkundigen Therapeuten begleitet werden.

Panchakarma

Panchakarma heißen die fünf Säulen der ayurvedischen Reinigungstechniken. Sie werden innerhalb längerer Klinikaufenthalte angewendet und können überschüssige Doshas dauerhaft aus dem Körper entfernen. Die fünf Panchakarmas nehmen in der klassischen Ayurveda-Literatur einen bedeutenden Platz ein und werden als die wirkungsvollste Therapiemaßnahme des Ayurveda betrachtet. Neben den inneren Reinigungstechniken werden auch der Aderlaß (Rakta Moksha) sowie die Schwitz- und Ölkuren zu den Panchakarma-Prozessen gezählt.

Die fünf eigentlichen Panchakarma-Techniken setzen sich zusammen aus:

1. Vamana, das durch Pflanzen hervorgerufene Erbrechen
2. Virecana, das durch Pflanzen hervorgerufene Abführen
3. Asthapana Vasti, Einlaufe mit arzneilichen Abkochungen
4. Anuvasana Vasti, Einläufe mit arzneilichen Ölen
5. Nasya, Einnahme von Medikamenten über die Nase

Die fünf Panchakarma-Techniken werden seit Jahrtausenden in Indien praktiziert, waren jedoch im letzten Jahrhundert etwas in Vergessenheit geraten. Seit einigen Jahren erlebt nun der Panchakarma eine Renaissance und wird wieder in ganz Indien und vielen Ländern der Welt erfolgreich praktiziert. Panchakarma umfaßt fünf sehr effiziente Entgiftungsmethoden zur Ausleitung und Eliminierung der Doshas. Eine sogenannte Panchakarma-Kur dauert zwischen drei und zehn Wochen und ist das konzentrierteste Therapieprogramm der ayurvedischen Anwendungsmöglichkeiten.

Eine Panchakarma-Kur wird in drei Phasen gestaltet. Die erste Phase dient der Vorbehandlung. Durch die Ölmassagen, Schwitzkuren und eine agni-anregende Diät werden die Giftstoffe im Körper gelöst und in Umlauf gebracht. Dies ist für den Patienten eine wichtige Vorbereitung auf die anschließenden Hauptbehandlungen.

Die Hauptbehandlung besteht aus den fünf Reinigungstechniken, die die nun freigesetzten Toxine und überschüssigen Doshas aus dem Körper leiten. Eine Panchakarma-Behandlung beginnt normalerweise mit Vamana, dem

Erbrechen, um überschüssiges Kapha zu entfernen. Nun folgt Virecana, die Purgiertherapie, die wichtigste Therapie für Pitta-Störungen. Anschließend werden nun Vasti, die Einlauftherapien durchgeführt, um das Vata-Dosha und Krankheiten, die aus zuviel Vata entstehen, zu behandeln. Nasya, die Nasenschleimtherapie kann parallel zu Vasti durchgeführt werden.

Liegen Krankheiten vor, die das Blut betreffen, z. B. Gicht, Hämorrhoiden, Abszesse, Tetanus, Leber- und Milzvergrößerung, wird Rakta Moksha, der Aderlaß praktiziert. Diese Behandlung wird meist mit Blutegeln vorgenommen, die das verunreinigte Blut absaugen.

Nach den sehr tiefwirkenden und wirkungsvollen Panchakarma-Behandlungsmethoden ist eine aufbauende Nachbehandlung unbedingt notwendig, um den Körper wieder zu stabilisieren und belastungsfähig zu machen. Die Nachbehandlung einer Panchakarma besteht aus den sogenannten Rasayanas, den verjüngenden und aufbauenden Ernährungs und Therapieempfehlungen des Ayurveda sowie einer langsamen Rückführung in den Alltag.

Vamana

Vamana, das Erbrechen, ist ein Prozeß, bei dem die Abfallstoffe durch die oberen Körperkanäle ausgeschieden werden. Es dient als effektive Methode dazu, den Körper von überschüssigem Kapha zu befreien und das Gleichgewicht der anderen Doshas in bezug auf Kapha wiederherzustellen. Während einer Brechtherapie wird der Patient durch das Trinken von bestimmten Pflanzensuden und Abkochungen zum Erbrechen gebracht. Der Pflanzensud wird aus speziell nach der Dosha-Störung ausgewählten Pflanzen hergestellt und hat meist einen bitteren, scharfen und leicht süßlichen Geschmack.

Man bezeichnet eine Behandlung als erfolgreich, wenn der Patient sich mindestens vier- bis fünfmal erbricht, doch das Ziel ist ein achtmaliges Erbrechen.

Besonders wirkungsvoll zeigt sich Vamana bei Kapha-Störungen wie Asthma, phlegmatischen Beschwerden (Erkältung, Husten, Schleim), chronischem Stirnhöhlenkatarrh, Bronchitis, Behinderung des Lymphflusses, anschwellenden Ödemen, einer kapha-bezogenen Diabetes und bei Vergiftungen aller Art. Auch Pitta-Störungen wie Haut- und Augenkrankheiten, Fieber, Magen-Darm-Entzündungen, Durchfall und Epilepsie werden mit Vamana behandelt.

Vor der Brechkur wird der Patient als Vorbereitung für drei Tage massiert, eingeölt und zum Schwitzen gebracht. Dies trägt dazu bei, die überschüssigen Doshas in den Magen zu bewegen. Am dritten Tag werden dem Patienten viel Ruhe und eine reichhaltige kapha-produzierende Abendmahlzeit verabreicht (z. B. Reis mit Joghurt). Sobald der Patient nun am nächsten Morgen Hunger verspürt, erhält er noch einmal eine Ölsalbung und ein warmes Bad. Nach einer Ruhepause kann dann mit der Vamana-Therapie begonnen werden.

Virecana

Virecana ist das medikamentös herbeigeführte Abführen, das im Ayurveda vor allem gegen ein Übermaß an Pitta und die dadurch verursachten Krankheiten eingesetzt wird. In der Purgiertherapie werden die Körperabfälle durch den unteren Körperkanal ausgeschieden. Der Organismus kann sich auf effiziente Weise von Pitta und Kapha befreien und die inneren Organe reinigen. Das Abführen wird mit einer Ölmassage und Schwitzen vorbereitet und bei geeigneter Jahreszeit und Konstitution mit einer Brechtherapie eingeleitet. Dann wird dem Patienten eine Abkochung aus sorgfältig ausgewählten Arzneien verabreicht, um das Purgieren herbeizuführen. Nach einer halben Stunde beginnt diese normalerweise, ihre Wirkung zu zeigen, und der Patient beginnt mit den Ausscheidungen. Bei Übelkeit oder sehr unangenehmem Geschmack im Mund werden erfrischende Getränke gereicht. Insgesamt sollten mindestens 15 Stuhlentleerungen geschehen.

Virecana ist eine effektive Behandlungsmethode bei Pitta- und Kapha-Störungen wie Fieber, Husten, Hautkrankheiten, Kopfschmerzen, Harnbeschwerden, Milz- und Prostataschwellungen, Parasiten und Würmern im Darm, schmerzhaften Hämorrhoiden, Gelbsucht, Epilepsie, Frauenleiden, Magenverstimmung, Verdauungsstörungen, Entzündungen und Brennen im Körper, Blutarmut, Asthma und Zysten/Tumoren im Brustbereich.

Vasti

Unter Vasti versteht man die Einlauftherapien im Ayurveda, die einen großen Einfluß auf das Vata-Dosha, das Nervensystem und die Funktionen des Darms haben. Man unterscheidet zwei Arten der Einlauftherapie: Die Behandlungsweise mit Öl, Anuvasana Vasti, die einen nährenden und aufbauenden Charakter besitzt, und die Einläufe mit arzneilichen Abkochungen, Asthapana Vasti, die überwiegend anregend und reinigend auf den Darm wirken. Durch Vasti wird das Gleichgewicht des Vata-Dosha wiederhergestellt, und so dient es der inneren Entspannung, Beruhigung und Stabilität. Bei Beschwerden wie Nervosität, Schlafstörungen, Verstopfung, Herzkrankheiten, Magenbeschwerden und -geschwüren, rheumatischer Arthritis, Übersäuerung, allgemeiner Schwäche, Nierensteinen, Gebärmutterleiden und starken Schmerzen haben sich die Einlaufkuren sehr bewährt.

Vasti für zu Hause

Ein kleiner ölhaltiger Einlauf ist auch eine geeignete vatasenkende Maßnahme für den Hausgebrauch. Führen Sie sich abends vor dem Schlafengehen 20–30 ml warmes Sesamöl mit einem Klistier oder einer sogenannten Katheterspritze in den Darm ein, und lassen Sie das Öl in Ihrem Darm einwirken. Sie werden die angenehme Ruhe, Schwere und Wärme direkt spüren können und so das überhöhte Vata ausgleichen. Wundern Sie sich nicht, wenn am Morgen Ihr Stuhlgang etwas öliger ist, da Sie nun das Restöl aus dem Darm ausscheiden.

Nasya

Nasya, die Nasenschleimhauttherapie ist eine wirkungs-volle Methode, um Krankheiten des Kopfes auszuglei-chen und zu heilen. Durch die Nasenlöcher werden dem Patienten arzneiliche Öle eingeträufelt, die überschüssige Doshas in der Kehle, der Nase, der Stirnhöhle und dem Kopf entfernen.

Nasya wirkt äußerst ausgleichend auf Vata und Kapha und wird im Ayurveda auch zur Stärkung der geistigen Kräfte und zur Anregung des Gehirns eingesetzt. Bei Kopfschmerzen, Kopfgrippe, Kiefersperre, Gesichtsläh-mung, Neuralgien und Tinnitus ist Nasya eine bewährte Panchakarma-Therapie, die zur sofortigen Verbesserung des Gesundheitszustands führt.

Fasten und Entschlacken

Fasten ist eine wunderbare Methode, um den Körper von abgelagerten Giften und Ama zu befreien. Bei vielen Krankheiten stellt Fasten eine gleichwertige Alternative zu einer Panchakarma-Behandlung dar.

Traditionell wird in allen Reinigungskuren auch eine kur-ze Fastenzeit integriert, um den Entschlackungsprozeß zu intensivieren.

Bei einer Fastenkur nach ayurvedischen Prinzipien steht eine sanfte Reinigung im Vordergrund. Das heißt, der Körper soll während der Fastenzeit nicht zuviel Kraft durch eine extreme Ausschwemmung oder Anstrengung verlieren. Die anschließende Aufbauphase, in der Körper und Geist wieder stabilisiert und belastungsfähig gemacht werden, ist ebenso entscheidend für den Erfolg des Fastens. Im Ayurveda begleiten den Fastenden eine Vielzahl von individuellen Verhaltensregeln und ein meditatives Rahmenprogramm. Dies schenkt ihm den passenden Rahmen für seine innere und äußere Erneuerung. Der Fastende soll körperliche Arbeit und geistigen Streß unbedingt vermeiden und sich viel Zeit für seine innere Ruhe und Einkehr gönnen.

Ein bekannter Ayurveda-Arzt hat einmal den passenden Ausspruch getan: »Je langweiliger es in einer Fastenkur zugeht, um so besser kann der Körper entschlacken.« Nach diesem Motto sollte sich jeder Fastende seine Reinigungszeit gestalten, denn je mehr Zeit er sich selbst zu seiner inneren Reinigung gibt, um so intensiver kann der Körper darauf reagieren.

Die Art und Länge der Fastenkur sollte immer auf die Beschwerden und die Konstitution des einzelnen abgestimmt werden. Dies gewährleistet einen optimalen Reinigungsverlauf und vermeidet anschließende Komplikationen. Für Menschen mit ausgeprägten Vata-Anteilen oder -Symptomen wird eine reine und länger andauernde Fastenkur nicht empfohlen, da Fasten das Vata-Dosha immer stark erhöht. Teilfastenkuren mit Säften und Brühen und ayurvedische Reinigungstechniken wie Swedana, Vasti und Nasya bieten hier die bekömmlichsten Alternativen für eine herkömmliche Fastenkur.

Wenn Sie selbst gerne eine Fastenkur machen möchten, ist besonders wichtig, daß Sie es während des Fastens immer schön warm haben und sich körperlich nicht auszehren. Mildes Klima, warme Kleidung und ausreichend

Bettruhe sind die besten Voraussetzungen für eine effektive, bekömmliche und gesundheitsfördernde Entschlakkungskur.

Im folgenden möchte ich Ihnen ein spezielles Fastenprogramm vorstellen, das eine ganzheitliche Reinigungsmethode für Körper, Geist und Seele darstellt. Es dauert eine Woche und beinhaltet drei volle Fastentage, einen Vorbereitungstag und drei Aufbautage. Eine liebevolle Umgebung und Betreuung, warme Kleidung und viel Bettruhe sind die Grundvoraussetzungen für diese harmonische, effektive und vitalisierende Fastenkur. Ältere, kranke oder im Dosha stark gestörte Menschen sollten dieses Fastenprogramm nicht ohne Beobachtung eines verantwortlichen Ayurveda-Arztes, Therapeuten oder Ernährungsberaters durchführen.

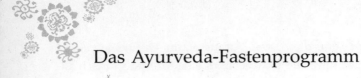

Das Ayurveda-Fastenprogramm

Der Einleitungstag

Der Einleitungstag ist die Vorbereitung auf die drei intensiven Fastentage. Er sollte von einer ruhigen und harmonischen Atmosphäre geprägt sein und den Körper auf seine tiefgreifende Reinigungsarbeit vorbereiten. Das Trinken von heißem Ingwerwasser, eine leichte agni-anregende Ernährung und äußere Behandlungsmethoden wie Ölmassage und Swedana sind die ideale therapeutische Begleitung für den ersten Kurtag Ihres einwöchigen Fastenprogramms.

Stehen Sie früh auf, und praktizieren Sie Ihre Morgenroutine mit Zungenreinigung, Ölspülungen, Yoga, Atemübungen und eventell Nasya. Regen Sie Ihren Stoffwechsel mit körperlicher Bewegung an (Spazierengehen, radfahren usw.), und entspannen Sie sich anschließend.

Um die Ausschwemmung in Ihrem Körper anzuregen, sollten Sie regelmäßig über den ganzen Tag im halbstündigen Rhythmus ein Glas warmes Wasser trinken. Errechnen Sie Ihre optimale Trinkmenge, indem Sie Ihr Körpergewicht mit 0,03 Liter multiplizieren. Die errechnete Trinkmenge können Sie, wie im Tagesplan ersichtlich, in 19 Portionen unterteilen und im halbstündigen Rhythmus trinken. Warmes Ingwerwasser und stoffwechselanregende Kräutertees wirken ebenfalls sehr unterstützend und dürfen bei Bedarf noch zusätzlich getrunken werden.

Tagesplan

7.00 Uhr	warmes Wasser trinken................ml
7.30 Uhr	warmes Wasser trinken................ml
8.00 Uhr	Frühstück: frisch gepreßter Obstsaft oder ein Früchteteller mit Trauben, Apfel, Aprikose
8.30 Uhr	warmes Wasser trinken................ml
9.00 Uhr	warmes Wasser trinken................ml
9.30 Uhr	warmes Wasser trinken................ml
10.00 Uhr	warmes Wasser trinken................ml
10.30 Uhr	warmes Wasser trinken................ml
11.00 Uhr	warmes Wasser trinken................ml
11.30 Uhr	warmes Wasser trinken................ml
12.00 Uhr	warmes Wasser trinken................ml
12.30 Uhr	Mittagessen: Reis mit Mungobohnen mit etwas Cumin und Ingwer als leichte Suppe gekocht oder als Alternative Haferflockenbrei (Porridge) mit etwas Salz, ½ TL Honig
13.00 Uhr	warmes Wasser trinken................ml
13.30 Uhr	warmes Wasser trinken................ml
14.00 Uhr	warmes Wasser trinken................ml
14.30 Uhr	warmes Wasser trinken................ml
15.00 Uhr	warmes Wasser trinken................ml
15.30 Uhr	1 Glas frisch gepreßter Karottensaft
16.00 Uhr	warmes Wasser trinken................ml
16.30 Uhr	warmes Wasser trinken................ml
17.00 Uhr	warmes Wasser trinken................ml
17.30 Uhr	warmes Wasser trinken................ml
18.00 Uhr	Abendessen: Etwas Reissuppe mit Gemüse (z. B. Karotte, Zucchini oder Fenchel) und Ghee oder als Alternative wie am Mittag eine Reis-Mungobohnen-Suppe

Wenn Sie sich kräftig genug fühlen, können Sie entspannende Spaziergänge an der frischen Luft und Atemübungen machen. Ruhen Sie sich jedoch, sobald Sie müde werden, aus, und schenken Sie Ihrem Körper die Erholung, die er braucht.

Bei Vata-Störungen, Kreislaufstörungen, Kältegefühl und innerer Unruhe sind Sesamölungen, ein Öleinlauf und leichte Ölmassagen sehr zu empfehlen.

Die Fastentage

Die drei Fastentage der ayurvedischen Entschlackungskur sind für den gesamten Organismus sehr anstrengend. Bleiben Sie an diesen Tagen im Haus, und vermeiden Sie körperliche und geistige Arbeit sowie den Umgang mit anderen Menschen. Am besten legen Sie sich ins Bett, ruhen sich aus, lesen und schlafen viel. Während der Fastentage wird keine Nahrung eingenommen, sondern nur im halbstündigen Rhythmus getrunken. Die Getränke bestehen aus reinem Quellwasser (z. B. Volvic) und Zitronate, die abwechselnd eingenommen werden.
Trinkmenge: Körpergewicht mal 0,03 Liter. Die Hälfte dieser Trinkmenge ist Quellwasser. Die zweite Hälfte ist Zitronate. Zitronate wird hergestellt aus: 9 Teilen Wasser, 1 Teil frisch gepreßtem Zitronensaft.
Schmecken Sie die Zitronate mit etwas Honig oder Zuckerrohrmelasse ab, bis sie für Ihren persönlichen Geschmack angenehm süß schmeckt (ca. 1 EL). Hat der Betreffende ein sehr schwaches Agni oder Ama im Körper,

können der Zitronate auch etwas Ingwer oder schwarzer Pfeffer zugesetzt werden.

Durch die Zitronate werden die Leber und der Stoffwechsel in ihrer Entschlackungsfunktion stark angeregt. Dadurch ist es möglich, auch in dieser relativ kurzen Fastenzeit eine tiefgreifende Reinigung und Erneuerung im ganzen Organismus herbeizuführen.

Bei einer körperlich stabilen Verfassung und kräftiger Konstitution können Sie Ihre Reinigung noch intensivieren, indem Sie am dritten Fastentag mit 1–2 EL Rizinusöl abführen. Brechen Sie Ihre Fastenzeit mit der Einnahme von etwas Naturjoghurt (2–4 EL) am frühen Abend des letzten Fastentages. Wenn Sie statt drei Tagen nur einen oder zwei Tage fasten möchten, können Sie ebenfalls am Abend vor der Aufbauzeit mit etwas Joghurt den Fastenabbruch herbeifuhren.

Die Aufbautage

Die Aufbautage sind für den nun sehr empfindlichen und sensiblen Stoffwechsel äußerst wichtig. Sie gehören ebenso zur Fastenkur wie die Tage zuvor und entscheiden maßgeblich über den langfristigen Erfolg Ihres Reinigungsprogramms. Das Schwierigste in der gesamten Fastenkur ist, während der Aufbautage nur wohldosiert die individuell abgestimmten Speisen zu essen. Sobald Sie in den Aufbautagen Ihren Magen überladen, überfordern Sie Ihr Verdauungssystem, und die gesamte Neubildung der Dhatus bricht zusammen, da das Agni nun streikt. Am ersten Aufbautag dürfen Sie nur maximal ¼ der gewohnten Nahrungsmenge zu sich nehmen (ca. ½ Handvoll pro Mahlzeit). Am zweiten Aufbautag können Sie schon die doppelte Menge verdauen, circa die Hälfte Ihrer gewohnten Nahrungsmenge und am dritten Aufbautag dürfen Sie ¾ der gewohnten Nahrungsmenge essen. Ein sanftes Bewegungs- und Reinigungsprogramm können Sie ebenfalls schrittweise in Ihre Aufbautage integrieren.

Der fünfte Kurtag

Trinken Sie an Ihrem ersten Aufbautag wieder Ihre optimale Trinkmenge als reines Quellwasser im halbstündigen Rhythmus zwischen den Mahlzeiten. Um das Agni zu verstärken, kann auch ein Teil Ihrer Trinkmenge aus heißem Ingwerwasser bestehen.

Gestalten Sie Ihre Mahlzeiten in folgender Weise:

Frühstück: Essen Sie etwas Reisbrei (aus Reisflocken mit Wasser und Milch gekocht) oder einen gedünsteten Apfel am Morgen.

Mittagessen: Reissuppe mit etwas Mungobohnen

Abendessen: Reissuppe mit einer halben geraspelten Karotte, einer halben geraspelten Zucchini und etwas Salz, Ingwer und Kurkuma. Ruhen Sie sich nach den Mahlzeiten ein bißchen aus, versuchen Sie aber nicht zu schlafen. Machen Sie am Vormittag einen ca. 20minütigen Spaziergang, und/oder praktizieren Sie ein leichtes Yogaprogramm. Ein warmes Ölbad und entspannende Massagen unterstützen ebenfalls Ihren Regenerationsprozeß.

Der sechste Kurtag

Trinken Sie die abgemessene Trinkmenge als reines Quellwasser und Ingwerwasser im halbstündigen Rhythmus. Heute dürfen Sie Ihre Portionen während der Mahlzeiten verdoppeln und auch etwas aktiver werden.

Frühstück: ½ Tasse Haferflockenbrei (Porridge) oder 1 gedünsteter Apfel mit etwas Zimt und Ghee

Vormittags: ½ Liter Ingwerwasser

Mittagessen: Reissuppe mit Mungobohnen und Gemüse
Kleingeschnittenes Gemüse und Reis in ausreichender Menge Wasser weichkochen, dazu: etwas grünen Salat mit einem Dressing aus Zitronensaft, Olivenöl und 1 MS Salz

Abendessen: Kartoffeln, weichgekochtes Gemüse, püriert als Soße, ½ TL Ghee

Neben der morgendlichen Reinigungsroutine sind ein Einlauf mit Kräutersud oder eine Darmspülung, ein 30minütiger Spaziergang, ein leichtes 20–30minütiges Yogaprogramm und Atemübungen als Begleittherapie sehr zu empfehlen.

Der siebte Kurtag

Heute ist Ihr letzter Aufbautag. Stellen Sie sich innerlich auf die kommenden Tage ein, in denen Sie in Ihren Alltag zurückkehren. Genießen Sie Ihren letzten Tag mit Freude, und gönnen Sie sich soviel Ruhe und Erholung, wie Sie sich wünschen. Neben Ihrer morgendlichen Reinigungsroutine sind heute eine Nasenspülung, ein Öleinlauf mit

30 ml Rizinus- oder Sesamöl, ein 30–40minütiges Yoga-
programm und ein 30–40minütiger Spaziergang sehr
empfehlenswert.
Trinken Sie wieder die abgemessene Trinkmenge als
Quellwasser im halbstündigen Rhythmus.
Frühstück: 1 Tasse Haferflockenbrei (Porridge) oder
1–2 gedünstete Äpfel mit etwas Zimt und Ghee
Vormittags: ½ Liter Ingwerwasser
Mittagessen: Reis, Gemüse, 100 g Joghurt natur, 7 Pinien-
kerne und 2 TL Sonnenblumenkerne (eingeweicht)
Nachmittags: ein Yogi-Tee mit Milch, Gewürzen (Ingwer,
Zimt, Kardamom, Nelken) und etwas Vollrohrzucker
Abendessen: Gemüsesuppe mit etwas Getreide und Ghee

Fasten und die individuelle Konstitution

Menschen mit ausgeprägten Vata-Anteilen oder -Sympto-
men sollten niemals zu intensiv fasten, da innerhalb einer
Fastenkur das Vata immer erhöht wird. Menschen, die
schon älter oder an Vata-Symptomen erkrankt sind, sollten ebenfalls äußerst vorsichtig bei einer Fastenkur sein.
Gut ist es in diesem Fall, mit nur einem Fastentag zu
beginnen und das Fastenprogramm innerhalb eines halben Jahres auf drei Tage zu steigern. Darmeinläufe mit
Rizinus- oder Sesamöl und Reinigungskuren mit leichten
Mahlzeiten bieten oft eine wertvolle Alternative zum herkömmlichen Fasten. Auch eine ein- bis zweitägige Saftkur, wobei warmes Wasser und Traubensaft getrunken
wird, kann durchgeführt werden.
Besonders wichtig ist, daß es Vata-Typen während des

Fastens angenehm warm haben. Warme Kleidung und mildes Klima sind also von großer Bedeutung. Auf der sanften Entschlackung des Darms sollte ebenfalls während der gesamten Kur die Aufmerksamkeit liegen.

Atemübungen, Darmspülungen, Massagen, Ölungen, Schwitzkuren und Farb- sowie Musiktherapie sind als Begleittherapie sehr zu empfehlen.

Bei Pitta-Menschen liegt das Augenmerk innerhalb einer Fastenkur vorwiegend auf dem Ausgleich des Verdauungssystems. Deshalb ist es zu Beginn einer Kur unerläßlich, den pH-Wert zu untersuchen. Liegt eine starke Übersäuerung vor, sollte die betreffende Person keinesfalls ohne fachliche Aufsicht fasten. Rohkosternährung und eine entsäuernde Therapie sollten der Fastenkur vorausgehen. Auch ein bis zwei regelmäßige Fastentage im Monat mit Apfel- und Traubensaft oder die Vermeidung von allen sauren, scharfen und gekochten Nahrungsmitteln sind bei einer Pitta-Konstitution empfehlenswert.

Bei heißem Klima und emotionaler Anspannung sollte eine Fastenkur zur Pitta-Regeneration vermieden werden. Wasserspülungen für Magen und Darm, Nasenspülung und Massagen mit Sonnenblumen- oder Kokosöl haben sich als Begleittherapie sehr bewährt.

Menschen mit einem starken Kapha-Anteil vertragen eine Fastenkur besser als andere Konstitutionen. Entscheidend für den langfristigen Erfolg sind die konsequente Aufbaudiät und der allgemeine Lebenswandel. Leichte Gymnastik und Spaziergänge während der Aufbautage tragen zur Regeneration bei. Um den Körper zu entschleimen, sollte der Einleitungstag vor allem von Wassertrinken und Wasserspülungen der Nase, des Magens und Darms bestimmt sein.

Kapitel 7

Ayurveda für Frauen

Im klassischen Ayurveda gibt es viele allgemeine und praktische Empfehlungen, die speziell Frauen zu einer stabilen Gesundheit und ausgeglichenen Konstitution verhelfen können. Die große Auswahl an individuellen Ernährungsempfehlungen, ausgewählten Heilpflanzen und ausgleichenden Behandlungsmethoden wirken besonders effektiv bei Menstruations- und Wechseljahrsbeschwerden.

Die praktische Umsetzung der ayurvedischen Medizin fällt Frauen in der Regel sehr leicht, da sie aufgrund ihrer weiblichen Veranlagung ein sehr sensibles Wahrnehmungsvermögen besitzen. Durch dieses innere Feingefühl können sie ihre körperlichen und geistigen Dosha-Anteile sehr gut erleben und emotional nachvollziehen. Der Stoffwechsel einer Frau reagiert empfindlich auf alle hormonellen Veränderungen während des monatlichen Zyklus und innerhalb der drei großen Lebensabschnitte von Jugend, Reife und Alter.

Eine darauf abgestimmte Ernährungs- und Verhaltensweise wirkt sich sehr positiv auf die psychische und physische Verfassung der weiblichen Natur aus.

Das energetische Gleichgewicht der Frau

Wie bereits beschrieben, setzt sich die Natur (Prakriti) des Menschen aus den fünf Elementen zusammen. Diese manifestieren sich im Feinstofflichen als Gunas, die Tamas, Ratas und Sattva genannt werden. Nach der ayurvedischen Anschauung steht der tamasische Aspekt in der menschlichen Natur für das Bewegungslose und Statische. Rajas verkörpert das Aktive, Vorantreibende und Starke im Menschen und Sattva symbolisiert das Wahre, Tugendhafte und Harmonische.

Diese drei Eigenschaften bilden nicht nur die Grundlage der menschlichen Persönlichkeit und Konstitution, sondern zeigen auch eine unterschiedliche Ausprägung bei den Geschlechtern. So sagt man im Ayurveda, daß das weibliche Prinzip von Sattva und Tamas als vorherrschender Kraft gebildet wird und daß im männlichen Prinzip Rajas weit stärker ausgeprägt ist.

Dieses unterschiedliche Mischungsverhältnis wird als die Ursache für die grundlegend unterschiedliche Natur von Mann und Frau angesehen. Sind die Gunas untypisch verteilt, spricht man auch von maskulinen Frauen, femininen Männern.

Als die ausgeprägt weiblichen Eigenschaften des Charakters benennt man im Ayurveda Mütterlichkeit, Fürsorge, Verständnis, Geduld, Hingabe und Spiritualität. Auch rajasisch besetzte Männer besitzen diese Fähigkeiten, doch sind sie nicht so stark in ihrer Persönlichkeit verankert.

Das innere Wohlbefinden von Männern und Frauen ist abhängig von dem natürlichen Ausdruck der angeborenen Qualitäten. Unterdrückt eine Frau ihren weiblichen Anteil von Tamas und Sattva, wird sie hart und gefühllos. Vata- und Pitta-Störungen breiten sich aus, und ein ständiger Konflikt mit der eigenen Weiblichkeit nagt am inneren Wohlbefinden. Wird jedoch der natürliche Rajas-Anteil nicht gelebt, wächst das Tamas in den betont statischen Lebensstrukturen. Dies ist oft die Ursache von Ängsten, Depressionen und nörgelnder Unzufriedenheit. Weder gesellschaftliche Normen noch ein falsch geprägtes Selbstbild sollten eine Frau hindern, allen Teilen ihrer Persönlichkeit kreativ Ausdruck zu verleihen und diese in Liebe zu sich selbst zu leben.

Der monatliche Zyklus und die Menstruation

Der Menstruationszyklus der Frau übt einen großen Einfluß auf ihr Leben und Wohlbefinden aus. Die verschiedenen Phasen des Zyklus werden von unterschiedlichen Doshas bestimmt, die sich auf körperlicher und emotionaler Ebene zeigen. Aus diesem Grund fällt es Frauen in der Regel sehr leicht, die Qualitäten der einzelnen Doshas nachzuempfinden, da sie sie in mehr oder weniger starker Ausprägung jeden Monat erleben.

Die erste Zeit nach der Menstruation ist von Vata bestimmt. Die Frau fühlt sich aktiv, beschwingt und emotional ausdrucksstark. Sie neigt aber auch zu Vata-Beschwerden wie Nervosität, Schlaflosigkeit und Kältegefühl.

Im Laufe der zweiten Woche steigen die Pitta-Energien

an, und am 15. Tag haben diese ihren Höhepunkt erreicht. Zur Zeit des Eisprungs verfügt die Frau über besonders viel zielgerichtete Kraft und Energie. Ihre Ausstrahlung ist sehr stark, und sie kann mit Leichtigkeit viele schwierige Situationen meistern. Ist das Pitta allerdings zur Zeit des Eisprungs zu hoch, neigt die Frau zu Übersäuerung, innerer Gereiztheit und unreiner Haut. In der dritten Woche verringert sich der Pitta-Einfluß, und das Kapha wird stärker. Die Frau wird nun stabiler und etwas phlegmatischer. In der vierten Woche oder einige Tage vor der Menstruation ist das Kapha sehr stark. Diese Zeit erleben viele Frauen als eine ruhige und in sich gekehrte Zyklusphase. Können Frauen diesem Wunsch nach Ruhe und »sich ein bißchen hängenlassen« nicht nachkommen, oder ist das Kapha nun zu stark, reagiert der Körper mit einer vorübergehenden Kapha-Störung. Dann kommt es zu einem übermäßigen Schlafbedürfnis, Depressionen und dem sogenannten PMS (prämenstruellen Syndrom).

Nach der ayurvedischen Gesundheitslehre sollte sich jede Frau der natürlichen Phasen ihres Monatszyklus bewußt sein und ihr Leben darauf abstimmen. So fühlt sich die Frau in der Vata-Phase sehr leicht und beweglich. Sie neigt zu körperlicher Empfindlichkeit, Frieren und Trockenheit. Das Trinken von viel warmer Flüssigkeit, leicht verdauliche und saftige Speisen und ein harmonisches Bewegungsprogramm helfen ihr in dieser Zeit, den Organismus zu stabilisieren.

In der Pitta-Phase ist die Frau sehr stark und belastungsfähig. Große Anstrengungen und belastende Aktivitäten kann sie hier am besten bewältigen. Ihr Verdauungsfeuer ist gut, und eine aufbauende Ernährung mit viel Eiweiß und Frischkost ist sehr empfehlenswert.

Am Ende des Zyklus dominiert Kapha im Körper. Die Frau wünscht sich vor allem mehr Ruhe, Wärme und Geborgenheit. Kann sie diesem Bedürfnis nicht nachkommen, wird ihr inneres Gleichgewicht gestört. Ein Übermaß an Kapha bewirkt Gewichtszunahme durch Wasserspeicherung, pessimistische Gedanken, Depressionen und ein übermäßiges Schlafbedürfnis. Alle gebratenen und stark gesalzenen Speisen sollten gemieden werden, auch um Wassereinlagerungen im Gewebe zu vermeiden.

Die Phase vor und während der Menstruation ist im Organismus der Frau eine sehr störungsanfällige Zeit. Die Vitalität und die Abwehrkräfte sind geschwächt, sie reagiert sehr empfindlich auf Infektionen, und chronische Beschwerden treten stärker in Erscheinung. Die Doshas sind aufgrund der Blutungen im Ungleichgewicht. Ein Überschuß an Kapha oder Vata kann zu Beschwerden wie trockener Haut, Bauchschmerzen, Verstopfung, Nervosität, Schlafstörungen und Verdauungsbeschwerden führen.

Die Menstruation und Menstruationsbeschwerden

Die monatliche Regelblutung ist eine innere und äußere Reinigungsphase des Körpers. In dieser Zeit kann das Dosha-Gleichgewicht durch physische oder psychische Belastungen sehr leicht gestört werden.

Im Ayurveda gibt es Methoden, den Gesundheitszustand der Frau anhand des Menstruationsblutes zu diagnosti-

zieren. So sollte das Blut einer gesunden Frau rot, geruch-
los und leicht auswaschbar sein. Ist die Blutung sehr stark,
schwärzlich und schmerzhaft, zeigt dies einen Überschuß
an Vata an. Blut, das sehr schleimig ist oder Flecken in der
Wäsche hinterläßt, zeigt einen Kapha-Überschuß an. Ist
die Blutung sehr stark riechend, ist dies Merkmal eines
Pitta-Überschusses.

Generell leiden viele Frauen während der Menstruation
an Schmerzen, Verdauungsproblemen, Übelkeit, Erbrechen, Verstopfung, Migräne oder Hämorrhoiden. All diese Symtome zeigen, daß sich der weibliche Organismus
nicht in seinem natürlichen Gleichgewicht befindet. Eine
auf die Bedürfnisse abgestimmte Lebens- und Ernährungsweise, ein regelmäßiges Bewegungsprogramm (Yoga, Spaziergänge) sowie pflanzliche und homöopathische
Mittel können diese Beschwerden vermeiden oder behe-
ben.

Hier einige der am häufigsten vorkommenden Menstruationsbeschwerden und viele praktische Tips zur Harmonisierung des inneren Gleichgewichts:

Schmerzen bei der Menstruation

In vielen Fällen ist eine vorwiegend sitzende Lebensweise
die Ursache von Schmerzen und Unwohlsein während
der Menstruation. Ein 10–15minütiges Gymnastik- oder
Yogaprogramm täglich genügen schon, um den Unterleib
der Frau vital und funktionsfähig zu halten.

Vor dem Einsetzen der Menstruation ist Verstopfung ein
weit verbreitetes Symptom und sollte unbedingt vermie-

den werden. Ein halber Liter warmes Wasser, direkt nach dem Aufstehen getrunken, sorgt für einen guten Stuhlgang und hält das Vata im Gleichgewicht. Ein Klistier entlastet den Darm und kann zudem die Menstruationsschmerzen mindern.

Als traditionelle ayurvedische Therapie gegen Menstruationsschmerzen werden Mandeln, Gartenkresse, Dillsamen und Muskatnuß empfohlen:

Mandeln:
8–10 Mandeln vor dem Frühstück gut kauen und verzehren. Die Mandeln sollten über Nacht in Wasser eingeweicht sein und geschält werden.

Gartenkresse:
Ebenso kann ½ TL zerriebene Gartenkresse Schmerzen, Anspannung und Verdauungsbeschwerden lindern. Die Kresse sollte zerrieben und drei Tage vor und während der Menstruation gegessen werden. Für pitta-dominierte Frauen ist Kresse nicht empfehlenswert, da sie das Pitta stark erhöht. In diesem Fall sollte die Kresse zusammen mit Ghee und viel kaltem Wasser eingenommen werden.

Dillsamen:
Dillsamen bzw. Dillöl haben die gleiche Wirkung wie Kresse, erhöhen jedoch nicht das Pitta. Es werden ½ TL Dillsamen oder 3 Tropfen Dillöl vor und während der Menstruation empfohlen.

Muskatnuß:
Muskatnuß hilft bei Schmerzen und verzögertem Men-

struationsbeginn. ½ Gramm Muskatnuß (ca. ¼ Nuß) oder
2 Tropfen Öl schaffen Abhilfe.

Als Vitamin- und Mineralstoffergänzungen werden empfohlen:
- Vitamin B 6 bei Schmerzen, PMS
- Magnesium Phos D 6 bei kolikartigen, krampfhaften Schmerzen

Zudem helfen Kräutertees, wie Frauenmantel, Kamille und Fenchel, tiefe Atemzüge durch den Bauch und Brustkorb sowie warme Umschläge und Bäder bei Schmerzen während der Menstruation.

Verzögerte und schwache Menstruation

Eine verspätete oder schwache Blutung kann durch Streß, Klimawechsel und Bewegungsmangel einmalig ausgelöst werden. Handelt es sich jedoch um einen Dauerzustand, sollte er mit therapeutischen Maßnahmen behandelt werden.

Pitta-fördernde Speisen wie Knoblauch, Kümmel, Zimt, scharfe Speisen und Gewürze sollten nun verstärkt gegessen werden, um die Konstitution auszugleichen und die therapeutischen Maßnahmen zu unterstützen.

Kresse- und Dillsamen:
Diese einfachen Hausmittel sollten eine Woche vor der Menstruation eingenommen werden.
Einmal täglich ¼ TL zerriebene Samen vor dem Essen.

Sesamsamen:
Hilft bei verspäteter Menstruation, wenn in den letzten 10 Tagen vor den Blutungen 1 TL eingenommen wird.

Safran:
Sollte über einen längeren Zeitraum (ca. 4–6 Wochen, ¼ Gramm täglich) zum Würzen verwendet werden.

Zu starke Blutung

Achten Sie bei einer zu starken Blutung auf einen ausgeglichenen Eisenhaushalt, da der Körper durch die starke Blutung übermäßig viel Eisen verlieren kann.
Das Einnehmen von ½ TL zerdrückten Rettichsamen für vier Wochen reguliert den übermäßigen Blutfluß.

Die Wechseljahre

Ayurveda beschreibt die Lebensphasen eines Menschen entsprechend den Doshas als drei große Abschnitte. In der Kindheit herrscht Kapha vor, in der Jugend und im jungen Erwachsenenalter Pitta und im Alter Vata.
Die Menopause kennzeichnet im Leben einer Frau den Abschnitt, in dem sich Pitta abschwächt und die von Vata dominierte Zeit des Alters beginnt. Wie bei allen Übergangszeiten können auch hier eine Vielzahl physischer und psychischer Beschwerden auftreten. Unabhängig vom Konstitutionstyp äußern sich die meisten Symptome

durch ein gestörtes Vata-Dosha. Pitta-Symptome zeigen sich überwiegend in der Prämenopause durch die hormonellen Schwankungen und Hitzewallungen.

Wird durch die veränderte Hormonausschüttung das Pitta-Kapha-Verhältnis gestört, kommt es zu extremer Körperhitze in der Kopfgegend und zu innerer Trägheit und Depressionen. In dieser umfassenden Neugestaltung des inneren und äußeren Gleichgewichts der Körperkräfte können viele kurz- und langfristige Beschwerden auftreten.

Die Wechseljahrsbeschwerden in bezug auf *Vata* werden im einzelnen folgendermaßen benannt:

- Stimmungsschwankungen, Nervosität, innere Hektik, depressive Reaktionen
- leichter Schlaf oder Schlaflosigkeit
- trockene Haut und Schleimhaut
- Neigung zu Verstopfung oder Reizdarm
- Neigung zu übermäßiger Besorgtheit, Grübeln
- steife Gelenke und arthritische Schmerzen
- graue und dünne Haare
- zunehmender Knochenabbau

Äußern sich die Wechseljahrsbeschwerden überwiegend in bezug auf *Pitta*, entstehen folgende Symptome:

- starke Hitzewallungen
- Reizbarkeit
- hormonelle Schwankungen (z. B. zu schwache oder zu starke Blutungen)
- Hautprobleme

- Stoffwechselstörungen
- nachlassende Libido

Ist das Kapha während der Wechseljahre etwas ausgeprägter, hat die Frau meist nur wenige Beschwerden. Nimmt *Kapha* jedoch zu stark überhand, entstehen folgende Symptome:
- Gewichtszunahme
- Lymphstauungen, Ödeme
- erhöhte Fettstoffwechselwerte (Cholesterin, Türiglyceride)
- Depressionen

Die Hauptsäulen der ayurvedischen Behandlung gegen Wechseljahrsbeschwerden sind die Harmonisierung der Doshas durch eine entsprechende Ernährungsweise, regelmäßige Yoga- und Atemübungen, regelmäßige Ölbehandlungen und die Einnahme von Verjüngungsmitteln (Rasayana).

Um sich vor schwerwiegenden Wechseljahrsstörungen zu schützen, sollte jede Frau ab dem 40. Lebensjahr ihren emotionalen und körperlichen Zustand sehr genau beobachten und auf die auftretenden Schwankungen reagieren. Jetzt ist es Zeit, sich auf die grundlegende Veränderung ihres Körpers einzustellen und alle vata-erhöhenden Verhaltensformen und Speisen zu meiden. Der Genuß von Kaffee, Alkohol, schwarzem Tee und Tabak verschlimmert die Beschwerden der Menopause. So ist es sehr sinnvoll, den Genuß dieser Alltagsgifte zu reduzieren oder, wenn möglich, ganz einzustellen. Ein ruhiger und beständiger Lebensrhythmus, zwei warme Mahlzeiten täglich, aufbauende Nahrungsergänzungen und Mineralien sowie die alten ayurvedischen Rezepturen helfen dem weiblichen Organismus, das innere Gleichgewicht in dieser neuen Lebensphase wiederzufinden. Die täglichen Speisen sollten zu einem hohen Anteil aus Frischkost, Suppen und Eintöpfen bestehen. Äpfel und Karotten haben laut Ayurveda jetzt besonders gute und verjüngende Eigenschaften.

Regelmäßige Entschlackungsmaßnahmen führen ebenfalls zur Stabilisierung der körperlichen Konstitution. Im Ayurveda besteht die Vorstellung, daß durch die Regelblutung ein regelmäßiger Reinigungsprozeß stattfindet. In der Menopause kommt es nun durch dessen Ausfall zu vermehrter Ansammlung von Ama. Um das angesammelte Ama und die damit verbundenen Symptome abzubauen, wird empfohlen, statt der Menstruationsblutung regelmäßige Reinigungskuren in Form von Fasten- und Abführtagen einzulegen. Sesamölmassagen, Nasen-, Magen- und Darmspülungen, Einläufe mit Heilkräutern und die Einnahme von Rasayana können diesen Prozeß sinnvoll begleiten.

Um die Gebärmutter zu reinigen und den Körper zu vitalisieren, werden folgende Rezepturen empfohlen:

- 20 Tage lang ½ TL zerriebene Kressesamen mit Ghee oder Kandiszucker täglich einnehmen
- 4 Wochen lang ½ g Safran täglich einnehmen
- 20 Tage lang 1,5 TL Kreuzkümmel zerdrückt in Kandiszucker einnehmen

Rasayana

Die Einnahme von Verjüngungsmitteln (Rasayana) kann nur sinnvoll und wirksam sein, wenn eine Frau diese in ihre gesunde und bewußte Ernährungs- und Lebensweise einschließt. Viele Lebensmittel zählen aufgrund ihrer vitalisierenden und zellerneuernden Eigenschaften zu den Rasayanas: Äpfel, Karotten, Mandeln, Kokosnüsse und Cashewnüsse sowie Gewürze wie Knoblauch und Safran. Als geeignete Rasayana-Rezepturen mit hiesigen Inhaltsstoffen können folgende Rezepte empfohlen werden:

- 200 g Mandeln, eingeweicht, geschält und getrocknet mit der doppelten Menge Honig in ein Glas geben und verschließen. 10 Tage stehen lassen. Dann folgende Zutaten in zerstoßener Form zugeben:
  50 g Pfeffer, 80 g Spargelwurzel, 80 g Lakritze, 80 g Basilikum, 80 g Anissamen.
  Alle Zutaten zu einem Brei mischen und täglich vor dem Frühstück 3 TL einnehmen.
- Jeweils 100 g Mandeln, Cashewnüsse und Kandiszukker mischen. 50 g Anis, 20 g schwarze Pfefferkörner hinzufügen. Alles separat zerstoßen, vermischen und in einem Glas verschließen. Täglich 1 EL mit heißer Milch oder heißem Wasser einnehmen.

Hilfe bei Beschwerden in der Menopause

Ayurveda kennt viele einfache Rezepte und Hausmittel, die die Frau in der Menopause begleiten und die sogenannten Wechseljahrsbeschwerden ausgleichen können. Natürlich zeigen diese nur ihre direkte Wirkung, wenn der Körper seine ursprüngliche Sensibilität behalten hat. Ist das Hormonsystem jedoch durch die jahrelange Einnahme der Anti-Baby-Pille oder anderer Hormonpräparate beeinflußt, brauchen die natürlichen Kräfte oft lange Zeit, um wieder in ein ausgewogenes Gleichgewicht zu kommen.

Ab den ersten Symptomen wie z. B. einem unregelmäßigen Zyklus, emotionaler Unausgeglichenheit, depressiven Verstimmungen und Hitzewallungen ist es für Frauen sehr empfehlenswert, täglich etwas Knoblauch und Kresse zu essen. In Kressesamen ist ein Östrogen-Derivat enthalten, das die Hormonschwankungen etwas ausgleichen kann. Besonders während der Wintermonate empfiehlt das Ayurveda, jeden zweiten Tag ¼ TL Kressesamen einzunehmen.

Der Knoblauch ist ein altes Heilmittel, das die Verdauungsorgane und Widerstandskräfte stärkt und den Körper verjüngt. Während der Menopause werden täglich ca. 2 g empfohlen. In diesem Fall sollten vata-dominierte Menschen ihn mit Ghee einnehmen, pitta-dominierte Menschen mit etwas Vollrohrzucker und Wasser und kapha-dominierte Menschen mit Honig.

Treten starke Hitzewallungen auf, sollten alle pitta-reduzierenden Maßnahmen in der Ernährungs- und Lebensweise befolgt werden. Zusätzlich helfen täglich 3 Tassen kühlender Kräutertee aus ½ EL Koriander-, Cumin- und Fenchelsamen. Auch Salbei, Frauenmantel und Zinnkraut zeigen eine ausgleichende Wirkung. Lutschen Sie bei jeder Hitzewallung das Innere einer Kardamomkapsel, und bevorzugen Sie frische Gurke und Melone als Zwischenmahlzeit. Starke körperliche Anstrengung und Schwitzkuren sollten nun gemieden werden.

Viele Frauen neigen während der Menopause auch zu Senkungserscheinungen der Gebärmutter und einer Reizblase. Bei diesen Beschwerden sind aufsteigende Fußbäder mit Zusätzen aus Melisse, Hopfen, Frauenmantel oder Baldrian sehr wirkungsvoll. Auch die regelmäßige Einnahme von Kürbis- und Pinienkernen kann sich als sehr hilfreich erweisen. Zur Stärkung des Beckenbodens ist es sehr gut, regelmäßig Yogaübungen zu praktizieren, die die Beckenbodenmuskulatur stärken. Beginnen Sie einfach, regelmäßig und bewußt Ihre Beckenboden- und Gesäßmuskulatur anzuspannen und anschließend wieder zu entspannen.

Ein weiteres weitverbreitetes Problem ist die Osteoporose, die Knochenentkalkung. Diese findet für fünf Jahre nach dem Ausbleiben der Menstruation statt. Hat die Betroffene einen ausgewogenen Stoffwechsel und gute Mineralstoffreserven, wird sie diese Zeit ohne nachteilige Symptome überstehen. Leidet ihr Körper jedoch schon zuvor an Übersäuerung, Mineralstoff- und Calciummangel, treten die typischen Beschwerden der Osteoporose in der Menopause auf. Vorbeugend sollten alle vata- und pittaerhöhenden Verhaltensweisen und der Genuß von Zucker, Fleisch, Alkohol, Kaffee und Weißmehlprodukten gemieden werden.

Ein regelmäßiges Sport- und Bewegungsprogramm, eine mineralstoffreiche Ernährung mit Milch, Fisch und Rohkostsäften und die äußeren Behandlungsmethoden Snehana und Swedana helfen, den Calciumstoffwechsel des Körpers anzuregen.

Spezielle Nahrungsmittel und Gewürze während der Menstruation, Menopause und Schwangerschaft

Aprikosen: hoher Vitamin- und Mineralgehalt, vor allem Vitamin A. Werden besonders in der Schwangerschaft und zur Stillzeit empfohlen (auch getrocknet).

Mangos: von allen Früchten die reichste Vitamin A-Quelle, blutbildend, während der Menstruation sehr zu empfehlen (auch als Vollfruchtsaft aus dem Reformhaus).

Bananen: sehr aufbauend, kräftigend. Werden vor dem Eisprung und nach dem Geschlechtsverkehr zur Kräftigung empfohlen.

Feigen: harmonisieren die Doshas, wegen hohem Eisengehalt für Frauen sehr zu empfehlen, besonders vor der Menstruation.

Datteln: hoher Nährwert und Vitamin D-Gehalt. Bei Vata-Störungen und Osteoporose sehr empfehlenswert. Rasayana.

Trauben: reich an Phosphor und Calcium, sehr blutreinigend. Helfen bei Übergewicht und Myomen.

Zitronen: gut für die Leber, gegen Brechreiz und während der Schwangerschaft.

Äpfel: wertvolles Rasayana zur Verjüngung während und nach der Menopause, reich an Pektin.

Karotten: wertvolles Rasayana mit viel Vitamin A zur Verjüngung und Vitalisierung während und nach der Menopause.

Zwiebeln: werden als Moschus der Armen bezeichnet, sehr aphrodisierend und stärkend.

Kokosnüsse: sehr calcium- und Vitamin B-haltig, generell gut für Frauen, besonders bei Osteoporose.

Mandeln: wirken gegen alle Menstruationsbeschwerden sowie gegen PMS. Hoher Thiamin- und Magnesiumanteil, helfen bei Menstruationskrämpfen, Kopfschmerzen, Schlaflosigkeit und Konzentrationsmangel.

Pistazien: haben hohen Eisen- und Thiamingehalt und sind sehr blutbildend.

Cashewnüsse: enthalten viel Vitamin B und Pantothensäure, helfen, die Nahrung besser zu resorbieren.

Paranüsse: enthalten sehr viel Aufbaustoffe, vergleichbar mit Hühnereiweiß. Eine Paranuß deckt den Selenbedarf eines Tages.

Bockshornkleesamen: sind ein gutes Tonikum bei Schwächezuständen auch während und nach der Schwangerschaft. Enthalten viel Vitamin B 1 und Folsäure und sind sehr empfehlenswert für Frauen. Senken ein erhöhtes Kapha im Körper, helfen gegen Diabetes.

Dill: hilft bei Übelkeit und Erbrechen in der Schwangerschaft und bei Menstruationsbeschwerden. Dillsamen sind ein bewährtes Mittel gegen Kopfschmerzen, Bauchkrämpfe und fördern die Empfängnisbereitschaft.

Muskat: wirkt beruhigend, schlaffördernd und krampflösend im Bauchbereich. Hilft auch gegen Durchfall und Dünndarmbeschwerden.

Nelke: ist sehr blutreinigend und schmerzstillend. Ist bei starker Menstruation und dunkler Blutung sehr zu empfehlen.

Safran: wirkt als bekanntes Rasayana sehr kräftigend und aufbauend. Hilft gegen depressive Verstimmung und harmonisiert die Monatsblutung. Wird auch nach sexuellem Verkehr zur Stärkung und bei mangelnder Spermienbildung empfohlen.

Kapitel 8

Gesundheit aus eigener Kraft

Der Schwerpunkt der ayurvedischen Medizin liegt vorwiegend in der Gesunderhaltung des Menschen. Hierbei wird Gesundheit nicht nur als ein statistischer Durchschnittswert oder ein allgemeines Wohlbefinden betrachtet, sondern als Zustand voller Vitalität, Widerstandskraft und Lebensfreude.

Krankheit definiert man im Ayurveda als die Disharmonie des inneren Gleichgewichts und den Kontakt mit Schmerz. Diese Leiden können sowohl physischer wie psychischer Natur sein. Auf physischer Ebene sind eine falsche Ernährung, ungesunde Lebensgewohnheiten und übermäßige Streßbelastungen die Hauptverursacher für Krankheiten aller Art. All dies stellt ab einem gewissen Maß eine Überforderung für den Organismus dar, die unweigerlich zu einer Störung der Doshas und des Agni führt.

Durch die täglichen Belastungen ist der Körper nicht in der Lage, sich von allen Giften und Verdauungsrückständen zu befreien. Die Malas (Ausscheidungen) des Körpers werden nur ungenügend ausgeschieden und sammeln sich an. Angestaute Malas werden zu Ama (Toxinen). Diese Gifte schwächen den Körper zunehmend, lagern sich ab und führen zu Krankheiten aller Art. Um den Organismus von Ama zu befreien, ist es sowohl notwendig, den Körper grobstofflich zu reinigen, wie auch die Ursachen im geistig-emotionalen Bereich zu finden. Nur dadurch

ist es möglich, die Lebensgewohnheiten langfristig so um-
zustellen, daß in Zukunft eine Schlackenansammlung vermieden oder stark eingeschränkt wird.

Yoga, Meditation, die richtige Ernährung, positive Gedanken und ein religiöses Weltbild sind im klassischen
Ayurveda unabdingbare Begleiter im alltäglichen Leben.
Sie verhelfen dem Menschen zu einem Leben voller Kraft,
innerer Bewußtheit und Liebe. Dies ist die Voraussetzung
für einen dauerhaft reinen und gesunden Körper.

Die Entstehung von Krankheit
und ihr Verlauf

Im Ayurveda beschreibt man den Beginn einer Krankheit
in einem Stadium, das noch weit von dem Auftreten be-
denklicher Symptome entfernt ist. Wenn wir uns ein
Energiepotential von 0–100 vorstellen, entspricht ein Zustand von 100 % Energie im Ayurveda strahlender ganz-
heitlicher Gesundheit. Dieser Zustand wird als Svasta
bezeichnet und in den Klassischen Schriften folgendermaßen definiert:

»Wahrhaft gesund ist der,
- dessen Doshas im Gleichgewicht sind
- der über ein ausgewogenes Agni verfügt
- bei dem die Gewebe (Dhatus) richtig aufgebaut sind
  und die Abfallstoffe (Malas) ausgeschieden werden
- dessen fünf Sinne richtig arbeiten
- der in innerem Glück und Selbsterfüllung lebt.«

Sinkt nun unser Energiepotential ab, entsteht unweigerlich ein Störungsprozeß, der aus der Verschiebung des Dosha-Gleichgewichts resultiert. Je früher wir uns dieser inneren Disharmonie bewußt werden, um so besser, denn am Anfang ist es ein leichtes, das innere Gleichgewicht der Körperkräfte wiederherzustellen.

Krankheiten im eigentlichen Sinne der westlichen Medizin sind erst ab einem Energiestadium von unter 30 % erkennbar. Aber natürlich beginnt nach dem ayurvedischen Verständnis der Krankheitsprozeß schon sehr viel früher. Der Mensch sollte es erst gar nicht so weit kommen lassen, daß sich seine Energiedepots in diesem Umfang verbrauchen und sich eine derart starke Disharmonie seiner inneren Kräfte manifestiert.

Klassisch unterscheidet man Krankheiten in:

- Innere Erkrankungen
  Diese resultieren aus der Störung der Doshas und Dhatus. Sie werden medizinisch behandelt.

- Äußere Erkrankungen
  Diese resultieren aus äußeren Einflüssen wie Unfällen, Insektenstichen und Gewalteinwirkungen. Sie müssen oft chirurgisch behandelt werden.

- Psychische Erkrankungen
  Diese manifestieren sich aus negativen Gedanken und Gefühlen. Ihre häufigsten Auslöser sind andauernde Angst, Kummer, Zorn, Haß und Grausamkeit. Sie werden psychologisch und spirituell behandelt.

- Natürliche Erkrankungen
  Diese werden durch Alterserscheinungen, Geburt und Tod verursacht. Sie werden mental, fein   stofflich und subtil behandelt.

Aus ayurvedischer Sicht hat jede Krankheit einen subtilen Krankheitsverlauf, den man in sechs Stadien unterteilt. Jedes Stadium beschreibt eine weitere Stufe der inneren Dosha-Störung und ihre Wirkung auf den gesamten Organismus.

Im ersten Stadium wird ein Dosha erhöht, gestaut oder geschwächt. In diesem Zustand kann die Energie nicht mehr ungehindert im Körper fließen, und die Erkrankung setzt sich im Körper fest. Die Ursache kann sehr geringfügig sein. Eine unpassende Mahlzeit, ein Wettersturz oder Streß reichen schon aus, um die milden Symptome dieses Stadiums hervorzubringen.
Wird Vata aus dem Gleichgewicht gebracht, entstehen Völlegefühl und Nervosität.
Wird Pitta aus dem Gleichgewicht gebracht, kommt es zu einer leicht erhöhten Körpertemperatur, Übelkeit oder gelblicher Hautfärbung.
Wird Kapha aus dem Gleichgewicht gebracht, entstehen ein Schweregefühl in den Gliedern, lokale Schwellungen sowie physische oder psychische Lethargie.

Im zweiten Stadium festigt sich die Doshastörung. Werden die Symptome des ersten Stadiums nicht beachtet, kann der Reifeprozeß der Krankheit beginnen. Das übermäßige Dosha verläßt nun seinen angestammten Sitz im Verdauungstrakt. Die allgemein auftretenden Symptome sind Schmerzen, Blähungen, Aufstoßen von sauren Substanzen, ein brennendes Gefühl, Nahrungsaversionen, Erbrechen und Schwindel.
Vata-Störungen werden durch übermäßige sportliche

oder sexuelle Betätigung, das Tragen von schweren Lasten, Fasten, Übernächtigung und einen chaotischen Tagesablauf verstärkt. An kalten, windigen Tagen, frühmorgens oder abends ist der Organismus diesbezüglich besonders empfindlich.

Pitta-Störungen werden durch negative Emotionen wie Wut, Zorn oder Eifersucht, Fasten, zu häufige Nahrungsaufnahme, zu saures, scharfes und salziges Essen sowie übermäßige Hitze verstärkt.

Kapha-Störungen werden durch Tagesschlaf, körperliche Inaktivität, schwere, süße oder ölige Nahrung, insbesondere Meeresfrüchte oder Rind- und Schweinefleisch, verstärkt. Im Frühjahr und Herbst ist der Körper diesbezüglich besonders empfindlich.

Im dritten Stadium verteilen sich die Störungen im ganzen Körper. Durch die Vata-Energie wird das gestörte Dosha im ganzen Körper verteilt und beeinträchtigt auch die anderen Doshas.

Ist Vata der Hauptverursacher der Störungen, treten Blähungen, Bauchschwellungen und -geräusche auf.

Ist Pitta der Hauptverursacher, kommt es zu extremen Hitzeanfällen in lokalen Teilen oder im ganzen Körper.

Ist Kapha der Hauptverursacher, kommt es zu Verdauungsstörungen, Appetitlosigkeit, Erbrechen und Unbeweglichkeit in den Gliedmaßen.

Im vierten Stadium lokalisieren sich die gestörten Dosha-Energien an einem Ort. Konkrete Krankheitssymptome in den Körpergeweben treten auf, die Krankheit wird offensichtlich erkennbar.

Im fünften Stadium nimmt die Krankheit spezifische Formen an. Der Körper ist schwach und überempfindlich. Allergien und Nahrungsmittelunverträglichkeiten sind häufige Symptome des manifesten Stadiums.

Im sechsten Stadium kann das Abwehrsystem des Körpers die Krankheit besiegen oder unterliegt ihr. In diesem Fall wird die Krankheit chronisch, führt zu Invalidität oder zum Tod. Oft platzen in diesem Stadium Wunden oder Tumore auf.

In den ersten drei Krankheitsstadien äußern sich die Störungen der Doshas in leichten Symptomen, die noch keine sichtbaren Auswirkungen auf das Körpergewebe haben. Das heißt, die Beschwerden sind zwar deutlich spürbar, aber noch nicht offensichtlich meßbar.

Die einzelnen Symptome der Dosha-Störungen zeigen sich in den ersten drei Krankheitsstadien folgendermaßen:

Vata
Das 1. Stadium der Vata-Ansammlung zeigt sich durch Verstopfung, Blähungen, trockenen Mund, Verlangen nach Wärme, Furcht und/oder Angst.
Das 2. Stadium des Aufbruchs zeigt sich durch zunehmende Blähungen und Verstopfungen, kalte Hände und Füße, Trockenheit im Körper.
Das 3. Stadium der Ausbreitung und Verteilung äußert sich im Zurückgehen der Blähungen, Müdigkeit, ruhelosem Geist und Sorgen, Furcht und starker Ängstlichkeit.

Pitta

Das 1. Stadium der Pitta-Ansammlung zeigt sich durch Magenübersäuerung, Brennen, Ärger und Kritiksucht.

Im 2. Stadium verfestigt sich die Pitta-Erhöhung und zeigt sich durch Sodbrennen, Magenverstimmung, brennende Schmerzen in der Nabelgegend und eine überkritische Geisteshaltung.

Das 3. Stadium der Ausbreitung zeigt sich durch die Symptome einer schmerzhaften, gelblich gefärbten Verdauung und einem brennenden Gefühl beim Urinieren und Stuhlgang.

Kapha

Das 1. Stadium der Kapha-Ansammlung zeigt sich in Antriebsarmut, Appetitmangel und Schweregefühl.

Im 2. Stadium verstärken sich die Symptome in Brechreiz, aufgeblähte Gedärme, Schlafsucht und vermehrten Speichelfluß.

Verbreitet sich das Kapha im 3. Stadium im Körper, kommt es zu Schwere, Aufgedunsenheit, Ödemen, vermehrter Schleimbildung und Erbrechen.

Ab dem 4. Stadium greifen die Dosha-Störungen die Körpergewebe (Dhatus) an, das heißt, die Krankheitssymptome setzen sich in den Geweben fest.

Hier eine Auflistung, wie sich die Krankheitssymptome in bezug auf die Doshas in den einzelnen Dhatus äußern:

Rasa
- Überhöhtes Vata bewirkt kalte Hände und Füße, Austrocknung, empfindliche Haut, Zittern und das Aussehen von Unterernährung.
- Überhöhtes Pitta bewirkt Fieber, Akne, Pickel, Hitzewellen, lichtempfindliche Augen und reizbare Stimmung.
- Überhöhtes Kapha bewirkt Ödeme, Verdauungsstörungen, Appetitlosigkeit, Erkältungen, Verschleimung der Bronchien und innere Lethargie.

Rakta (Blut)
- Überhöhtes Vata bewirkt Blutarmut, Schwindel, enggestellte Blutgefäße und trockene Ekzeme.
- Überhöhtes Pitta bewirkt entzündliche Prozesse im Körper, Hautausschläge, Fieber, leicht blaue Flecken, Nasenbluten, Psoriasis und zahlreiche Leberflecke.
- Überhöhtes Kapha bewirkt nässende Ekzeme und einen hohen Cholesterinspiegel.

Mamsa (Muskelgewebe)
- Überhöhtes Vata bewirkt Muskelschwund, Verspannungen, Lähmungen und Zittern.
- Überhöhtes Pitta bewirkt Eiteransammlungen im Muskelgewebe und sich wiederholende Mandelentzündungen.
- Überhöhtes Kapha bewirkt vermehrte Muskelmasse, Muskelschwäche und Zysten auf den Sehnen.

Meda (Fettgewebe)

⊛ Überhöhtes Vata bewirkt trockene Haut, knackende Gelenke und Schmerzen in der Lendenwirbelsäule.

⊛ Überhöhtes Pitta bewirkt ein brennendes Gefühl an Händen und Füßen sowie heftiges Schwitzen.

⊛ Überhöhtes Kapha bewirkt einen hohen Cholesterinspiegel, Fettsucht, Zellulitis und weißlichen Vaginalausfluß.

Ashti (Knochengewebe)

⊛ Überhöhtes Vata bewirkt gesplitterte Nägel, Haarausfall, Knochenschmerzen, degenerative Arthritis, Karies und Parodontose.

⊛ Überhöhtes Pitta bewirkt entzündliche Arthritis und Knochenabszesse.

⊛ Überhöhtes Kapha bewirkt Knochentumore.

Majja (Knochenmark, Nervengewebe)

⊛ Überhöhtes Vata bewirkt Lähmungen, Gedächtnisverlust, Koordinationsstörungen, Ohnmacht und Schwindel.

⊛ Überhöhtes Pitta kann Multiple Sklerose und Paralyse bewirken.

⊛ Überhöhtes Kapha kann Tumore bewirken.

Shukra (Fortpflanzungsgewebe)

⊛ Überhöhtes Vata kann die Ursache für geringe Fruchtbarkeit, sexuelle Schwächung und unkontrollierten Samenerguß sein.

⊛ Überhöhtes Pitta kann eine Entzündung der Geschlechtsorgane hervorrufen.

⊛ Überhöhtes Kapha kann die Prostata vergrößern und

Tumore an Gebärmutter, Eierstöcken und Hoden bilden.

Natürlich wird jeder Krankheitsprozeß auch von doshatypischen Emotionen begleitet oder ausgelöst.
Ist das Vata in unserem Körper zu hoch, fühlen wir uns oft ängstlich, unsicher, verwirrt, launisch, überlastet, traurig und nervös.
Sind wir von einem übermäßigen Pitta beherrscht, bestimmen Ärger, Neid, Eifersucht, Versagerängste, innerer Druck und Zwang, Stolz und Kritiksucht unsere Gefühlsskala.
Kapha-Störungen drücken sich auch in den Gefühlen der Langeweile, Sorglosigkeit, Habgier, Unfreundlichkeit, Interessenlosigkeit, Depression und in zwanghaften Verhaltensweisen aus.

Krankheitssymptome von Störungen in den Zirkulationskanälen

Krankheitssymptome können sich nicht nur in den Doshas und Dhatus bemerkbar machen, sondern auch in den Zirkulationskanälen Srotas). Besonders intensiv reagieren die Srotas auf alle sauren, kalten und fettig klebenden Substanzen und Nahrungsmittel. Die beste Therapie, um die Srotas wieder zu öffnen und von ihren Blockaden zu befreien, sind die äußeren Behandlungsmethoden Snehana und Swedana. Natürlich wirken auch alle Panchakarma-Techniken intensiv auf die verschiedenen Körperkanäle ein.

Haben die Zirkulationskanäle (Srotas) eine Fehlfunktion, äußert sich diese in folgenden Krankheiten und Beschwerden:

- Sind die atemführenden Srotas (Pranavaha) in ihrer Funktion gestört, neigt der Betreffende zu einer extrem tiefen, flachen oder eingeschränkten Atmung, die auch geräusch- oder schmerzvoll sein kann.
- Sind die nahrungsleitenden Srotas (Annavaha) in ihrer Funktion gestört, können Appetitverlust, Verdauungsstörungen und Erbrechen die Folge sein.
- Sind die flüssigkeitsleitenden Srotas (Udakavaha) in ihrer Funktion gestört, macht sich dies durch übermäßigen Durst und Trockenheit von Mund, Zunge, Lippen und Rachen bemerkbar.
- Sind die urinleitenden Srotas (Mutravaha) in ihrer Funktion gestört, zeigt dies seine Auswirkung durch zuviel oder zuwenig Urinausscheidung, eine unnormale Urinzusammensetzung und schmerzvolles Urinieren.
- Sind die stuhlführenden Srotas (Purisavaha) in ihrer Funktion gestört, äußert sich dies in Durchfall oder verhärtetem Stuhl sowie in wenig, schmerzhaftem oder geräuschvollem Stuhlgang.
- Sind die schweißleitenden Srotas (Swedavaha) in ihrer Funktion gestört, kommt es zu wenig, gar keiner oder übermäßiger Schweißbildung, sehr rauher oder zu glatter Haut und einer erhöhten Körpertemperatur.

Empfehlungen zur Krankheitsvermeidung

Viele Faktoren unseres Lebensstils, der alltäglichen Gewohnheiten, persönlichen Verhaltensstrukturen und Ernährungsweisen führen zu einem Ungleichgewicht der Doshas. Neben einer falschen Ernährung werden im Ayurveda folgende Verhaltensweisen als Hauptverursacher für Dosha-Störungen und Krankheitsprozesse betrachtet:

1. Wenn die Sinneseindrücke zu stark, zu schwach oder unpassend sind
Eine mangelnde Stimulation der Sinne entsteht, wenn sehr viele oder ausschließlich sehr kleine Objekte betrachtet werden, beinahe unhörbaren Geräuschen gelauscht wird, die Nase nichts mehr riechen darf, die Haut keine Berührung und Liebkosung erfährt und einige Geschmacksrichtungen vorenthalten werden.
Eine Reizüberflutung entsteht bei extremer Lärmbelastung, grellem Licht, harten Worten, beißenden Gerüchen, unangenehmem Geschmack und heftigem Druck auf die Körperoberfläche. Unter unpassenden Sinneseindrücken versteht man beispielsweise das Betrachten von angsteinflößenden oder sehr häßlichen Objekten, das Anhören von Schimpfworten, das Schmecken von verdorbenen Speisen, das Riechen von ungesunder Luft und das Ansehen irritierender Bewegungen.

2. Verbales, körperliches und psychisches Fehlverhalten

Zu dem sogenannten verbalen Fehlverhalten gehören Lügen, Diskutieren, Fluchen, Wortkargheit, mangelnde Kommunikation sowie unnötiges und übermäßiges Schwatzen und negative Äußerungen über sich selbst und andere.

Körperliches Fehlverhalten bedeutet die Unterdrückung der natürlichen Bedürfnisse, Lethargie, Überanstrengung, unnötiges Fasten, übermäßiges Essen oder Essen zur falschen Zeit und falsches Atmen.

Psychisches Fehlverhalten zeigt sich in Trauer, Angst, Wut, Gier, Eitelkeit, Eifersucht und Gleichgültigkeit.

3. Klimatische Veränderungen

Ist eine Jahreszeit in ihrer Hitze, Kälte oder dem Regenfall besonders stark oder schwach ausgeprägt, oder erlebt der Mensch eine für ihn untypische Jahreszeit, z. B. auf Tropenreisen, werden die Funktionen der Doshas beeinflußt. Extreme Hitze, Kälte und Regen aktivieren die Funktionen. Entgegengesetztes Klima (warmer Winter, kalter Sommer) mindert oder stört im Extremfall die Funktionen.

Mit Ayurveda mehr Gesundheit und Vitalität für jeden Tag

Denken wir nun an unsere typische Arbeitswelt mit Streß, Computern und Konkurrenzkampf, die täglichen Umgangsformen der Menschen und die uns umgebenden Umweltbelastungen, ist es kein Wunder, daß so viele Menschen ein Ungleichgewicht ihrer Doshas verspüren.

Mit der gezielten Abstimmung der täglichen Ernährung, dem regelmäßigen Praktizieren der Morgenroutine und einiger ausgewählter Behandlungsformen ist es jedem Menschen möglich, sein inneres Gleichgewicht immer wieder neu zu finden und zu stabilisieren.

Wenn es Ihnen schwierig erscheint, alle für Sie notwendigen Gesundheitsempfehlungen in den Alltag einzubauen, beginnen Sie mit einem Ayurveda-Kurtag pro Woche. Automatisch werden Sie einige dieser Verhaltensweisen auch für die anderen Tage übernehmen.

Das Ayurveda-Tagesprogramm in der Praxis

Möchten Sie einmal die wohltuende Wirkung der ayurvedischen Ernährungs- und Lebensweise am eigenen Leib erfahren? Dann probieren Sie einfach den hier zusammengestellten Ayurveda-Tagesplan aus. Sie können diesen Tag als eine Art Minikur zur inneren Reinigung und Vitalisierung betrachten oder die hier empfohlenen Regeln täglich praktizieren.

Der richtige Start in einen erfüllten Tag

Im Ayurveda beginnt der Tag recht früh, denn in den Morgenstunden liegt die größte Prana-Energie in der Atmosphäre, und diese wollen wir für unsere Zellvitalisierung und Verjüngung nutzen. Stehen Sie zum Sonnenaufgang auf, und beginnen Sie Ihren Tag mit ein paar tiefen Atemzügen und einer kleinen Meditation bei offenem Fenster. Spüren Sie die tiefe Ruhe in sich und die vitalisierende Energie um Sie herum.

Trinken Sie ein Glas warmes Wasser, und beginnen Sie mit Ihren täglichen Reinigungsmaßnahmen der Morgenroutine.

Trinken Sie anschließend noch einmal eine Tasse heißes Wasser mit etwas Zitronensaft (für die Leber) und/oder 1 TL Zuckerrohrmelasse. Durch den hohen Gehalt an Vitaminen und Mineralien schenkt Ihnen die Melasse viel Energie und Leistungsfähigkeit für den ganzen Tag.

Bereiten Sie nun ein passendes Frühstück aus Getreidebrei mit Hafer- oder Reisflocken, Milch oder frischen Früchten zu.

Bereiten Sie nach dem Frühstück noch einen Kräutertee oder Ingwerwasser zu, das Sie in der Thermoskanne aufbewahren und über den Vormittag verteilt trinken können.

Für Ihren individuellen Kräftehaushalt ist es vorteilhaft, wenn Sie sich bemühen, am Vormittag alle schwierigen und anstrengenden Tätigkeiten zu erledigen, denn jetzt sind Sie körperlich und geistig besonders stabil und belastungsfähig. Trinken Sie währenddessen genügend heißes Wasser oder Kräutertee, um den Stoffwechsel in seiner Ausscheidungsphase zu unterstützen.

Zwischen 12.00 und 13.00 Uhr ist die ideale Zeit zum Mittagessen

Das Mittagessen sollte Ihre Hauptmahlzeit sein, denn nun ist die Verdauungskraft am stärksten.

An Ihrem Ayurveda-Kurtag sollte die Nahrung so individuell wie möglich auf Ihre Bedürfnisse abgestimmt sein:

Haben Sie das Gefühl oder die Symptome einer Vata-Erhöhung, sollten Sie zu Mittag eine warme, leicht verdauliche und saftig-gekochte Mahlzeit zu sich nehmen. Sehr gut eignen sich Basmati-Reis, ein süßlich schmeckendes Gemüse wie z. B. Karotten, Rote Bete oder Fenchel und ein kleiner Salat mit Olivenöl und Balsamico-Essig. Milde Gewürze wie Kardamom, Zimt, Kreuzkümmel und Ingwer werden heute Ihren Körper mit viel innerer Ruhe und Wärme versorgen.

Haben Sie das Gefühl oder die Symptome einer Pitta-Erhöhung, sollten Sie auf alle Fälle alle sehr sauren und scharfen Speisen meiden. Bereiten Sie ein Mittagessen mit viel Salat und Rohkost zu, und essen Sie dazu etwas Vollkornreis, Dal und Gemüse. Pitta-ausgleichende Gewürze wie Senfsamen, Kurkuma, Koriander und Minze können die Speisen nicht nur in ihrem Geschmack bereichern, sondern verhelfen dem Stoffwechsel auch zu einer besseren Resorptionsfähigkeit und Ausgeglichenheit.

Haben Sie das Gefühl oder die Symptome einer Kapha-Erhöhung, sollten Sie heute auf alle sehr schweren, salzigen und fettigen Speisen verzichten. Bereiten Sie eine leckere Mahlzeit mit vielen frischen Gemüsen und Kräutern zu. Bevorzugen Sie alle grünen und leicht bitteren Gemüse wie zum Beispiel Spinat, Artischocke, Brokkoli oder Pilze, und essen Sie diese mit etwas Salat und einem Getreidegericht aus Hirse, Dinkel oder Reis. Alle stoffwechselanregenden Kräuter und Gewürze wie Kurkuma, Pfeffer, Knoblauch, Ingwer, Bockshornklee oder Petersilie schenken Ihnen viel zusätzliche Vitalität und Verdauungsenergie.

Nach dem Mittagessen dürfen Sie eine kleine Ruhephase einlegen. Bevorzugen Sie für die nächsten 30 Minuten eine sitzende Tätigkeit und ruhige geistige Aktivitäten; so verhindern Sie, daß sich Vata-Ama im Körper bildet. Bei einer Vata-Erhöhung dürfen Sie auch einen kleinen Mittagsschlaf halten.

Am Nachmittag sollten Sie sich nicht zuviel vornehmen und am besten leichte, flexible und kommunikative Tätigkeiten ausführen. Vermeiden Sie den Genuß von kalten Speisen und Getränken wie Eiscreme, Joghurt, Rohkost, eisgekühlten Getränken usw., da diese Ihr sensibles Vata-Dosha aus dem Gleichgewicht bringen können.

Trinken Sie weiterhin in regelmäßigem Rhythmus warmes Wasser oder Ingwertee.

Wenn Sie zwischen 15.00 und 16.00 Uhr ein kleines Energieloch mit Müdigkeit, Konzentrationsschwäche und Heißhunger nach Süßigkeiten haben, trinken Sie einen anregenden Kräutertee mit Ingwer, Rosmarin und Johanniskraut (für Kapha) oder einen Yogi-Tee mit Ingwer, Pfeffer, Nelke, Kardamom und Milch (für Vata).

Sie können dazu auch ein wenig Trockenobst essen. Für Vata- und Pitta-Menschen sind in Milch eingelegte Aprikosen, Datteln oder Feigen sehr geeignet.

Fühlen Sie sich zur Nachmittagszeit sehr schwer und antriebslos, können Sie sich mit einem Glas frisch gepreßten

Karottensaft mit je 1 TL Blütenpollen und Weizenkeimen nochmals einen Energieschub geben.

All diese Rezepturen helfen Ihnen auch, den Heißhunger nach Süßem zu dämpfen.

Der optimale Zeitpunkt für Ihr Abendessen liegt zwischen 17.30 und 19.00 Uhr

Essen Sie eine leichte Gemüsesuppe oder etwas Kartoffeln mit Gemüse. Machen Sie es sich nun so richtig gemütlich, und essen Sie mit Ruhe und innerer Entspannung. Genießen Sie den ausklingenden Tag, und gestalten Sie Ihr Abendprogramm auf ruhige und harmonische Weise. Jetzt haben Sie eine gute Gelegenheit, die streßbedingten Belastungen auszugleichen.

Mußten Sie heute viel Krach, häßliche Worte und Diskussionen ertragen? Dann besteht das beste Ausgleichprogramm im Hören von schöner Musik. Haben Sie sich heute bei rein routinemäßiger und stupider Arbeit gelangweilt oder geärgert? Dann sollten Sie jetzt etwas Kreatives tun wie kochen, malen oder musizieren.

Sind Sie noch voller Energie, und möchten Sie einfach einmal Dampf ablassen? Dann sind Sport, Bewegung, Tanzen oder Singen angesagt.

Oder fühlen Sie sich innerlich müde, abgespannt und kaputt? So gönnen Sie sich ein schönes Ölbad, und massieren Sie den ganzen Körper oder die Füße mit einem passenden Öl (ab S. 163).

Beenden Sie Ihren Tag mit einer kleinen Meditation oder einem Gebet, und gehen Sie, wenn möglich, zwischen 21.00 und 22.00 Uhr schlafen. Nun findet der Körper die

Eigenschaften	Sanskrit	Elemente
schwer	guru	Erde, Wasser
langsam, träge	manda	Wasser
kalt	hima	Wasser
ölig	snighda	Wasser
glatt	slaksna	Feuer
fest	sandra	Erde
weich	mrdu	Wasser, Äther
unbeweglich	sthira	Erde
fein	suksma	Äther, Luft, Feuer
reinigend	visada	Äther, Luft, Feuer, Erde
leicht	laghu	Feuer, Äther, Luft
scharf	snisna	Feuer
heiß	usna	Feuer
trocken	rusa	Feuer, Erde
rauh	khara	Luft
flüssig	drava	Wasser
hart	kathina	Erde
beweglich	cala	Luft
grob	shtuka	Erde
schmierend	piccila	Wasser

Wirkung
Schwer verdaulich, Zunahme an Gewebemasse
milde, pflegende Substanzen, mit kühlenden und beruhigenden Aspekten (Ghee, Butter, Milch)
wirkt zusammenziehend, hemmt die Bewegung und verhilft den Geweben zu einer längeren Lebensdauer
befeuchtet und schmiert, erhält Zellen unversehrt
erhitzt, verflüssigt und macht geschmeidig
verleiht Ausdauer und Stetigkeit, stärkt Muskeln und Knochen
nimmt Härte aus dem Körper, macht weich, geschmeidig (Sesamöl, Fett, Ghee)
macht den Körper fest, gibt Stabilität
Substanzen (wie Gewürze, ätherische Öle, Alkohol und Honig) verteilen sich rasch im Körper
wirkt gegen Schleim und Ansammlungen im Körper
Substanzen sind leicht verdaulich und machen den Körper schlank
wirkt reinigend und erhitzt den Körper (z. B. Ingwer)
Substanzen bringen den Körper zum Schwitzen (z. B. Ingwer, Zimt)
entzieht den Zellen das Wasser, Substanzen verhindern den Gewebeaufbau (Gerste, Toast)
kann verdorbene Stoffe aus dem Körper ziehen (Guggul, Myrrhe, alkalische Stoffe)
Substanzen wirken erfrischend
Substanzen können nicht so leicht aufgenommen werden, machen den Körper aber fest und stabil (Mandeln, kalziumhaltige Stoffe wie Korallen)
Substanzen sind unstet, schwankend und treiben gerichtete Bewegungen an (alle öligen Substanzen wie Mandelöl usw.)
beständig, bindend, beschwerend
Substanzen haften oder bilden einen Überzug und fördern die Gewebeausbildung (Akaziengummi, Myrrhe, Guggul, Honig, Erdnußöl)

regenerierende Entspannung, die er für den neuen Tag braucht.

Wenn Sie abends nicht zur Ruhe kommen und schlecht einschlafen können, machen Sie sich einen kleinen Öleinlauf (S. 204), und trinken Sie eine heiße Milch mit etwas Muskat und Honig. Falls Sie keine Milch mögen, versuchen Sie es mit einem Tee aus Hopfen, Melisse und Fenchel. Dies bringt ihr Vata ins Gleichgewicht und schenkt Ihnen wohlige Bettwärme.

Was Sie an Ihrem Ayurveda-Kurtag beachten sollten:

1. Trinken Sie viel warmes Wasser oder Ingwertee.
2. Achten Sie auf eine Ihnen entsprechende Zeiteinteilung, und überanstrengen Sie sich nicht.
3. Vermeiden Sie Zwischenmahlzeiten.
4. Spüren Sie in sich hinein, und schenken Sie Ihren körperlichen und seelischen Bedürfnissen die notwendige Aufmerksamkeit.
5. Praktizieren Sie die empfohlenen Ayurveda-Regeln mit Genuß, Freude und Leichtigkeit.

Krankheiten ayurvedisch behandeln

Ein Großteil aller Behandlungsstrategien im Ayurveda beruht auf der Wissenschaft der Eigenschaften. Um die einzelnen Beschwerden auszugleichen, werden in der Regel Nahrungsmittel, Heilpflanzen oder Techniken therapeutisch eingesetzt, die durch ihre entgegengesetzten Eigenschaften heilend wirken. Nach dem Grundsatz »Gleiches verstärkt Gleiches« und »gegenteilige Eigenschaften wirken vermindernd« werden alle Krankheiten nach diesem einfachen und logischen Heilungsprinzip behandelt.

Die ayurvedische Medizin kennt 20 Eigenschaften, die 10 Eigenschaftspaare bilden:

Schwere – Leichtigkeit
Kälte – Hitze
Geschmeidigkeit – Rauheit
Stumpfheit – Schärfe
Unbeweglichkeit – Beweglichkeit
Weichheit – Härte
Flüssigkeit – Zähigkeit
Glätte – Grobheit
Feinheit – Plumpheit
Festigkeit – Formbarkeit

Je nach Beschaffenheit der jeweiligen Beschwerden werden die passenden Behandlungsweisen, Nahrungsmittel und Therapeutika mit den entsprechenden Eigenschaften herausgesucht.

Es würde in diesem Rahmen zu weit führen, alle Krankheiten in Ihren Formen und Behandlungsmöglichkeiten ausführlich zu beschreiben. So möchte ich in diesem Kapitel lediglich die am häufigsten auftretenden Dosha-Störungen und körperlichen Beschwerden skizzieren und Ihnen einige gezielte Behandlungsstrategien nach ayurvedischer Tradition vorstellen.

Sie zeigen auf praxisnahe Weise die ganzheitliche Herangehensweise der ayurvedischen Medizin bei Krankheiten verschiedenster Art.

Asthma

Ursachen:

- Schwere, verstopfende, trockene Nahrung, die die Srotas blockiert
- Kalte Getränke, Nahrung, ungünstige Orte, Wind
- Alle Arten von Lungenreizungen durch Rauch, Gifte usw. Exzessive Körperanstrengung wie schweres Tragen, übermäßiger Sport usw.
- Unterdrückung von körperlichen Bedürfnissen wie Niesen, Wasserlassen, Stuhlgang, Hunger usw.

Gestörte Doshas:

Vata vermehrt: verursacht Verengung in den Luftwegen
Kapha vermehrt: verstärkt die Schleimbildung in den Luftwegen
Durch diese Störungen empfindet der Patient starke Atemnot

Klassische Behandlungsformen

Allgemein:

- ☼ Vermeiden der Ursachen
- ☼ Alle Maßnahmen, die Vata und Kapha senken (Nahrung, Getränke, Medizin, Verhaltensweisen)

Massage:

- ☼ 1 x tägl. 5–10 Minuten Brustmassage mit Öl und Salz (Sesamöl mit 1–2 g Steinsalz)

Schwitzkur:

- ☼ 1 x tägl. nach der Massage mit einem Heißwasserbeutel auf der Brust warm zugedeckt schwitzen.

Erbrechen:

- ☼ 1 x tägl. morgens vor dem Frühstück, abhängig von der Konstitution mit
- – Brechpulver aus 1–2 g Randida dumetorum, 1–2 g Kalmus auf ca. 1 l Wasser
- – Kinder sollten jeden Tag nur mit warmem Wasser erbrechen, da hier noch keine irreversiblen Störungen vorliegen.

Abführen:

- ☼ Je nach Konstitution regelmäßige Darmreinigung mit Sennesblättern oder Rizinusöl durchführen.

Inhalation:

- ☼ 1 x tägl. eine Heißdampf-Inhalation mit ätherischen Ölen wie Thymian, (1–2 Tropfen auf 5 Liter heißes Wasser) oder Baldrian

Medizin:

- ☼ Mischung aus Hing, Kalmus, Borax, schwarzem und langem Pfeffer

Kopfschmerzen und Migräne

Gestörte Doshas:
Pitta und Vata sind erhöht

Behandlung
Nahrung:
- Vermeidung von saurer und scharfer Nahrung
- Vermeidung von Nahrung, die Pitta erhöht
- Vermeidung von Schokolade, Tee, Kaffee, Alkohol und Käse
- Vegetarische Nahrung und Milch bevorzugen

Abführen:
- 1 x wöchentlich mit Rizinusöl

Nasya:
- Tägliche Reinigung der Nase und Stirnhöhle

Meditation:
- Beseitigung von Ängsten, Sorgen und Streß

Als schnelle Hilfe bei Kopfschmerzen wirken etwas Ghee in beiden Nasenlöchern und eine leichte Massage im Nakken- und Schulterbereich sehr wohltuend und krampflösend.

Magenbeschwerden,
Schleimhautentzündung oder Geschwüre

Ursache:
- Stark erhöhtes Pitta und ein zu saurer Stoffwechsel, in manchen Fällen eine zu geringe Schleimbildung des Magens (Kapha vermindert)
- Streß, Angst und Minderwertigkeitsgefühle (Vata vermehrt)

Klassische Behandlungsformen
Allgemein:
- Pitta-erhöhende Nahrung vermeiden
- Streß und Ängstlichkeit abbauen
- Rauchen, Alkohol, Kaffee, schwarzen Tee vermeiden

Psyche:
- Mentales Training und ausgleichende Körperübungen zur besseren Streßbewältigung und Vermeidung von Ängsten (z. B. Nirbija-Yoga)

Einläufe:
- Jeden 2. Tag einen Einlauf mit Sesamöl zum Ausgleich von Vata

Medizin:
- Spargelwurzelpulver-Süßholz-Sud (je 2 g mit 150 ml Wasser und 150 ml Milch verkochen, bis die Flüssigkeit auf ca. 150 ml verdampft ist.)
- Morgens und abends jeweils 75 ml trinken

Rheuma
Rheumatische Arthritis

Ursachen:

- Nahrungsmittel, die im Gegensatz zu ayurvedischen Gesetzen stehen und nicht auf die Konstitution und gestörten Doshas abgestimmt sind
- Nahrungsmittel in der falschen Kombination und mit gegensätzlichen, ama-erzeugenden Eigenschaften
- Ölige und schwere Nahrung bei schwachem Agni
- Exzessive Körperarbeit nach schweren Mahlzeiten, wodurch dem Körper Energien für die Verdauung entzogen wurden
- Inaktivität oder exzessive Körperanstrengung

Gestörte Doshas:

Durch die genannten Mißstände wurde im Körper über eine große Zeitdauer Ama erzeugt, das sich mit exzessivem Vata verband, im Körper verteilte und in den Gelenken ablagern konnte. Ama + Vata = Amavata, ein gängiger Begriff in der ayurvedischen Medizin.

Amavata erzeugt Entzündungen in den Gelenken und tritt in Form rheumatischer Arthritis meistens in mittlerem Alter nach jahrelangem Fehlverhalten auf. Bei dieser Form von Arthritis sind alle Gelenke betroffen.

Klassische Behandlungsformen
Allgemein:

- Die Beseitigung von Ama und eine Verstärkung des Agni (Agni-Trunk mit Ingwer und Pfeffer)

- Vermeidung der Krankheitsursachen

Abführen:
- Regelmäßiges Abführen des Stuhls mit Rizinusöl

Einlauf:
- Wenn der Körper gereinigt ist, regelmäßige Einläufe mit Rizinusöl oder -wurzelabkochungen

Gelenkrheumatismus

Klassische Behandlungsformen

Nahrung:
- Übergewicht reduzieren
- Saure und scharfe Nahrung vermeiden
- Ama-erzeugende Nahrungsmittelkombinationen vermeiden
- Viel Milch trinken. Falls Milch nicht gut vertragen wird, mit Kurkuma, Pfeffer und Ingwer würzen.

Ölbehandlung:
- Die Gelenke regelmäßig mit folgender Ölabkochung massieren:

200 ml Senföl
20 g Knoblauch
10 g Kurkuma
5 g Zimt
10 g Guggul
1 l Wasser

Alle Zutaten mischen und verkochen lassen, bis das Wasser verdampft ist (ca. 10 Stunden). Die Substanz filtern und langsam abkühlen lassen. Vor dem sanften Einmassieren in die Gelenke die benötigte Menge Öl leicht erwärmen.

Diabetes mellitus

Dieses Krankheitsbild wird in der ayurvedischen Medizin *Madhumeka* – »süßer Urin« genannt.
Zuviel Zucker im Blut und damit im Urin deutet eine schwere Stoffwechselkrankheit an, die in zwei verschiedene Arten unterschieden wird:

1. Der jugendliche Diabetes, hervorgerufen durch eine schwere Insuffizienz der Bauchspeicheldrüse, von der oft junge Menschen betroffen sind. Die Bauchspeicheldrüse ist nicht mehr in der Lage, ausreichend Insulin zu produzieren. Ist dies der Fall, gilt diese Diabetesform im Ayurveda als unheilbar, ist jedoch durch die Einnahme von Insulin kontrollierbar.

Ayurveda prognostiziert, daß Vata stark vermehrt und alle Dhatus vermindert sind. Die Lebensqualität des Patienten kann mit einer ausgleichenden Ernährung und durch die Einnahme von Rasayanas stark verbessert werden.

2. Liegt dem Diabetes eine schwere Stoffwechselstörung zugrunde, die nicht die völlige Insuffizienz der Bauchspeicheldrüse einschließt, gilt diese Krankheitsform im Ayurveda als heilbar. Im Anfangsstadium produziert die Bauchspeicheldrüse noch ausreichend Insulin, die Speicherfähigkeit der Leber und die Zuckeraufnahme der Zellen ist jedoch gestört. Mit fortlaufender Krankheit kann sich das Krankheitsbild in die erste Diabetesform verändern, die dann unheilbar ist.

Ursachen:

- Zu wenig Arbeit und Bewegung bei gleichzeitig zu üppiger Nahrungsaufnahme
- Exzessives Schlafen
- Exzessiver Verzehr von Süßigkeiten, Milchprodukten und Wassertierfleisch
- Konsum von zu frischem Getreide, z. B. Reis, Weizen

Gestörte Doshas:

- Zu Beginn der Krankheit sind Pitta und Kapha erhöht und Vata normal
- Durch die Ansammlung von Wasser in den Körpergeweben Meda (Fett) und Mamsa (Haut, Muskeln) wird Vata blockiert und stark erhöht
- Mit fortschreitender Krankheit sind alle Doshas massiv gestört

Klassische Behandlungen
Allgemein:

- Vermeidung der Ursachen (siehe oben)
- Körperliche Bewegung, viel frische Luft, keine Überanstrengung
- Kapha-reduzierende Kost (alle bitteren und zusammenziehenden Speisen, wie Zucchini, Bittermelone, Gerste, Kichererbsen, Mungobohnen) bevorzugen und sehr süße, ölige und schwere Nahrungsmittel (auch Kartoffeln, Süßkartoffeln, Gurken) meiden

Medizin:

- Kurkuma, Amla, Nelke, Methi, Zink

Herzkrankheiten
Ischämie, Herzrhythmusstörung und Herzmuskelschwäche

Ursachen:
- Exzessiver Verzehr von schwerer Nahrung
- Langandauernde starke Ängste, Sorgen, Streßsituationen
- Exzessives Arbeiten
- Unterdrückung der natürlichen Bedürfnisse

Gestörte Doshas:
- Ama und erhöhtes Vata
- Vata bringt Ama zum Herzen und verunreinigt Rasa. Die Verunreinigung wird in den Arterien abgelagert und blockiert die Srotas.

Behandlung
Allgemein:
Die Ursachen vermeiden mit Hilfe mentaler Techniken wie Pranayama und Meditation, 5 Minuten täglich, Nirbija-Yoga, 5 Minuten täglich, Hatha-Yoga, Körperübungen, 30 Minuten täglich, Visualisierungstechnik, 30 Minuten täglich:
1. Eine kraftvolle sprudelnde Wasserquelle oder ein reißender Gebirgsbach räumen alle Steine, die im Weg liegen, beiseite
2. Intensive Betrachtung der Anatomie des Herzens
3. Quelle oder Gebirgsbach strömt durch die Herzarterien und räumt alle Hindernisse beiseite

Reinigung:
- Alle Reinigungstechniken außer Erbrechen

Ernährung:
- Fett verringern
- Milchprodukte meiden, insbesondere aus homogenisierter Milch
- Saure Speisen meiden. Erlaubt sind jedoch Amla, Weintrauben, Äpfel, Granatäpfel
- Viel Gemüse und grüne Salate essen
- Zucker meiden und statt dessen Honig verwenden
- Kein Nikotin und wenig Alkohol (max. 30 ml pro Tag)
- Keinen schwarzen Tee oder Kaffee trinken

Hautkrankheiten

Ursachen:
- Ama-erzeugende Nahrungsmittelzusammenstellung
- Exzessives Essen und Trinken
- Sehr ölige und schwere Nahrung
- Nahrungsaufnahme, wenn die vergangene Mahlzeit noch nicht verdaut ist – dies führt zur Verunreinigung des Bluts
- Exzessiver Verzehr von Joghurt, Fisch, Salz, saurer Nahrung, schwarzen Bohnen, Rettich
- Unterdrückung natürlicher Bedürfnisse
- Schwere Arbeit, übermäßige sexuelle Betätigung, Aufenthalt in der Sonne im unmittelbaren Anschluß an ein schweres Essen

- Regelmäßiger Mittagsschlaf
- Trinken von kalten Flüssigkeiten bei körperlicher Erhitzung durch Arbeit oder Sonneneinstrahlung

Gestörte Doshas:

Im ersten Stadium sammeln sich Vata, Pitta und Kapha an. Dies verschmutzt das Blut und die Lymphe und damit auch Mamsa, die Haut und Muskeln. Bei fortschreitendem Fehlverhalten werden alle drei Doshas massiv gestört.

Behandlung
Allgemein:
- Vermeidung der Krankheitsursachen
- Alle Reinigungstechniken, wie Panchakarma und Aderlaß
- Verbesserung des Stoffwechsels, des Agni und der Zellerneuerung
- Zufuhr von Vitamin A + E

Psoriasis

- Massage mit Senföl
- So oft wie möglich schwitzen, am besten in der Sonne
- Erbrechen: 1 x pro Woche mit warmem Wasser
- Abführen: 1 x pro Woche mit Rizinusöl
- Einreibung mit eigenem Urin
- Trinkkur mit eigenem Urin

Psoriasis kann sich nach der Reinigung und grundlegenden Änderungen der Ernährung und Verhaltensweisen schnell verbessern.

Ekzeme, Ausschläge

- Abführen: 1 x pro Woche mit Rizinusöl
- Paste aus gekochten Auberginen auf die befallenen Stellen auftragen
- Paste aus rohem Weißkraut auf die befallenen Stellen auftragen
- Vitamin E, Nachtkerzenöl oder Borretschöl auf die betroffenen Stellen auftragen

Akne

- Nahrung: Alle sauren und scharfen Speisen vermeiden, pitta-reduzierende Kost bevorzugen
- Abführen: 1 x pro Woche mit Rizinusöl
- Gesichtsmaske: Linsenpaste über Nacht auf das Gesicht auftragen. Für die Linsenpaste Linsen über Nacht mit Koriandersamen einweichen, pasteurisieren und mit Kurkuma und Kalmuspulver vermischen.
- 2 x tägl. ½–1 TL Kurkuma einnehmen.

Neurodermitis

- Meditation: Die Beseitigung von Sorgen, Ängsten und Streß
- Senföl zur Verringerung des Juckreizes, die betroffenen Stellen mit den Fingern sanft einmassieren.

Pigmentstörungen

- Alle Arten von Reinigung
- Einnahme von Vit. B 6
- Zinkkarbonat als Lotion oder Pulver auf die betroffenen Stellen auftragen

Kontaktadressen

Ayurveda-Ausbildungen, Seminare und Kuren

Das Mahindra-Institut, ein international bekanntes Ausbildungszentrum in der Nähe von Frankfurt, bietet unter der Leitung von Kerstin und Mark Rosenberg eine Reihe von Seminaren, praxisbezogenen Ausbildungslehrgängen sowie Ayurveda-Kuren in Deutschland und Indien an. Informieren Sie sich über

- viele interessante Seminare zu den Themen Ayurveda, Yoga, ganzheitliche Gesundheit und Persönlichkeitsentfaltung
- Ayurveda-Kuren (Panchakarma klassisch oder Wellness ganzheitlich) in Deutschland, der Schweiz und Indien
- Seminare und Fachfortbildungen in ayurvedischer Ernährung, Massage, Kosmetik und Heilkunde
- Ausbildung zum/zur ganzheitlichen Ayurveda Ernährungs- und Gesundheitsberater/in
- Ausbildung zur Ayurveda-Kosmetikerin
- Ausbildung zum Ayurveda Massage-Therapeuten und in ayurvedischer Massage
- Ausbildung in traditioneller indischer Medizin
- Ausbildung zum Yogaübungsleiter und Dipl. Yogalehrer

Mahindra-Institut
The European Academy of Ayurveda gemeinnützige Gesellschaft für ganzheitliche Gesundheit und Bildung mbH
Forsthausstraße 6
63633 Birstein
Telefon 06054/9131-0
Telefax 06054/9131-36
E-Mail: info@mahindra-institut.de
Internet: www.mahindra-institut.de

Informationen und Adressenliste

von erfahrenen Ayurveda-Therapeuten, Ärzten und Heilpraktikern, Masseuren, Kosmetikerinnen und Ernährungsberatern in ganz Deutschland:

VDAT – Verband Deutscher Ayurveda Therapeuten
Forsthausstraße 6
63633 Birstein
E-Mail: vdat@ayurveda-forum.de
Internet: www.ayurveda-forum.de

Abführen 38, 197, 200, 203, 211
Abhören 51
Abhyanga 158 f., 160, 162, 167
Abkochung 181, 183
Abszesse 184, 201
Abtasten 52
Aderlaß 199, 201, 266
Agadatantra 27
Agni-Trunk 90 f.
Akne 241, 267
Allergien 39, 121, 239
Allgemeine Medizin 25 f.
Altersheilkunde 27
Anämie 83, 177, 179
Anamnese 51
Angst 34, 37, 76, 84, 236, 246, 259
Ängstlichkeit 239, 259
Anna Lepa Sweda 183
Anschwellen der Gelenke 187
Antriebsarmut 240
Anuloma 161
Anuvasana Vasti 200, 204
Appetitlosigkeit 40, 238, 241
Appetitmangel 240
Appetitverlust 198, 244
Aprikosen mit Milch und Safran104
Ärger 240, 243
Arthritis 204, 242
arthritische Schmerzen 225
Asthapana Vasti 200, 204
Asthma 70, 202, 256
Atemnot 198, 256
Atemübungen 208, 210, 213, 215
Auberginengemüse 137
Aufbaudiät 215
Aufbautage 207
aufgeblähte Gedärme240
Aufgedunsenheit 240
Aufstoßen 58, 89, 120, 237
Augen- und Gesichtspflege 193
Augenkrankheiten 202
Ausscheidungen 43 f.
Ausschläge 267
äußere Behandlungsmethoden 154 f.
äußere Erkrankungen 236
äußere Reinigung 154 f., 220
Austrocknung 241
Auszehrung 37, 198

Avocadocreme 150
Bäder 40, 156, 223
Balacikitsa 26
Bauchschmerzen 220
Bauchschwellung 198, 238
Behinderung des Lymphflusses 202
Beilagen 147 f.
Bewegungsprogramm 40, 125, 221
Bindehautentzündung 198
Blähungen 35, 114, 237, 239
blaue Flecken 242
Blumenkohl-Kartoffel-Curry 139
Blutarmut 203, 241
Blutkrankheiten 179
Blutungen 37, 220
Blutvergiftung 37
Blutverunreinigung 96
Brechkur 202
Brechreiz 232
Brechtherapie 197, 201 f.
Breianwendung 183
Breibehandlung 183
Brennen 37, 40, 240
brennende Schmerzen 240
brennendes Gefühl 89, 237
Bronchialasthma 179, 186
Bronchitis 40, 202
charakterliche Eigenschaften 31, 75 f.
chronischer Schnupfen 40
Chutneys 103, 148 f.
Daiva vyapasraya 24
Dal 144 f.
Dampfdusche 186
Darmeinläufe 197, 214
Darmspülung 117, 213, 215
Darsana 52
degenerative Arthritis 243
Depressionen 85, 126, 218
Dhrana 52
Diabetes 202, 233
Diabetes mellitus 262 f.
Dips 147 f.
Drava Sweda 184
Dumpfheit 35, 40
Durchfall 37, 95, 244
eingeschränkte Atmung 244
Einlauf 35, 200, 204
Einlauftherapien 201, 204

Einnahme von Medikamenten über die Nase 200
Einreibung mit eigenem Urin 266
Einsalbung 158 f.
Eiteransammlungen 241
Ekzeme 241, 267
empfindliche Haut 241
Empfindungslosigkeit 35
Empfindungsstörungen 35
enggestellte Blutgefäße 241
Entgiftungsmethoden 200
Entgiftungstherapien 199
Entschlacken 205 f.
entzündliche Arthritis 242
entzündliche Prozesse 37, 241
Entzündung , Geschlechtsorgane 242
Entzündungen 58, 76, 203
Epilepsie 202
Erbrechen 200, 202 f., 221
Erbsen in Schafskäse 140 f.
Erkältung 106, 177, 179, 241
Erkältungskrankheiten 160
Falten 36
Fasten 90, 199, 205 f.
Fastenkur 191
Fastenprogramm 207, 214
Fastentage 126, 210 f.
Fenchelgemüse 141
Fette 97, 156
Fettleibigkeit 39, 72
Fettsucht 177, 179, 242
Fieber 37, 202, 241
Firni 152
Frauenleiden 203
Frösteln 40, 119
Frühstücksäpfel 133
Furcht 239
Fußbäder 230
Fußmassage 169
Gallenbeschwerden 179
ganzheitliche Reinigungsmethode 207
ganzheitliche Testverfahren 65 f.
Ganzkörper-Öl-Massage 193
Ganzkörpereinsalbung 159
Ganzkörperumschlag 179
Gastritis 97, 177
Gebärmutterleiden 204
Gedächtnisverlust 177, 242

Geisteskrankheiten 26, 35
gelbliche Hautfärbung 36
Gelbsucht 203
Gelenkrheumatismus 261
Gemüse im Gewürzsud 135 f.
Gemüsegerichte 135 ff.
Gereiztheit 219
geringe Fruchtbarkeit 242
Geschmacksrichtungen 93 ff.
Geschwüre 259
Gesichtslähmung 198, 205
gesplitterte Nägel 242
Getreidegerichte 143 f.
Gewichtszunahme 60, 220, 226
Ghee 122, 123, 222, 229
Gicht 183, 201
Gliederschmerzen 198
Grausamkeit 236
Grippe 186
großer Durst 37, 40
Haarausfall 69, 73, 242
Haferbrei 102, 134
Hämorrhoiden 201, 203
Harnbeschwerden 203
Harnsteine 198
Harnverhaltung 177
Haß 236
Hautausschläge 89, 241
Hautirritationen 55, 95
Hautkrankheiten 265 f.
Hautunreinheiten 58
heftiges Schwitzen 242
Heißhunger 89, 102, 116, 130
Hepatitis 37
Herzkrankheiten 40, 204, 264 f.
Herzmuskelschwäche 264
Herzrhythmusstörung 264
Hitzeanfälle 238
Hitzewallungen 37
Hitzewellen 241
hoher Cholesterinspiegel 241, 242
Hülsenfrüchte 103, 109, 112, 143 ff.
Hunger 105, 120, 130, 198, 202
Husten 177, 198, 202
individuelle Diät 192
Inhalation 257
innere Erkrankungen 236
innere Lethargie 241

innere Reinigung 154, 177
innere Reinigungsmethoden 154, 191
innere Reinigungstechniken 191, 199 f., 206
innere Unruhe 116
innerer Streß 54, 56, 60, 250
Interesselosigkeit 38
Ischämie 264
Jentaka Sweda 190
Jucken 40
kalte Hände und Füße 239, 241
Kälte der Glieder 40
Kältegefühl 94, 178
Kapha-Konstitution 52, 124 ff.
Kapha-Öl 174 f.
Kapha-Typ 59 f., 196
Karies 242
Kayacikitsa 25 f.
Kichererbsen 103, 107, 119
Kichererbsenbällchen 151 f.
Kiefersperre 205
Kinderheilkunde 26
knackende Gelenke 242
Knochenabszesse 242
Knochenbrüche 35
Knochenentkalkung 230
Knochenschmerzen 242
Knochentumore 242
Koliken 114, 198
Kongestion 183
Konstitutionsdiagnose 65 f.
Konzentrationsmangel 233
Konzentrationsschwäche 55, 85
Koordinationsstörungen 242
Kopfbehandlungen 158
Kopfgrippe 205
Kopfschmerzen 120, 198, 205, 258
Koriander-Chutney 149
Körperbau 31, 52, 58, 67
Krankheiten des Kopfes 26, 205
Kräuterölabkochung 184
Kreislaufbeschwerden 55
Kritiksucht 58, 240, 243
Kumbhika Sweda 187 f.
Kumbhika Swedana 188
Kummer 236
Lähmungen 35, 177, 179, 241 f.
Lassi 130 ff.

Leberentzündung 37
Leber- und Milzvergrößerung 201
Leberflecke 241
Leeregefühl im Magen 40
leichte Ölmassagen 210
Lethargie 188, 237, 241, 246
lichtempfindliche Augen 241
lockere Gelenke 40
Magen-Darm-Entzündungen 202
Magenbeschwerden 204, 259
Magenbrennen 132
Magengeschwüre 204, 259
Magenreizungen 58
Magenschmerzen 124
Magenübersäuerung 240
Magenverstimmung 203, 240
Magersucht 198
Mandel-Reispudding 153
Mandelentzündung 241
Massage 129 f., 154 ff, 158, 257 f., 266, 269
medikamentöse Therapien 191
medizinische Pflaster 156
Menopause 224, 226 f., 229 f.
Menstruation 216, 218, 220–224, 227, 230, 232 f.
Menstruationsbeschwerden 220, 233
Menstruationskrämpfe 233
Menstruationsschmerzen 222
mentale Therapien 192
Migräne 198, 221, 258
Milch, gewürzte 135
Milz- und Prostataschwellungen 203
Mineralstoffmangel 94
Minz-Chutney 149
Möhrenhalwa 153
Morgenroutine 160, 192, 194, 208
Müdigkeit 40, 61, 96, 101, 120, 198, 239, 250
Multiple Sklerose 242
Mundhygiene 193 f.
Mundpflege 193
Musiktherapie 215
Muskelschwäche 241
Muskelschwund 241
Muskelzittern 198
Myome 232
Nachspeisen 150
Nadi 51

Nadi Sweda 186 f.
Nadi Swedana 188
Nahrungsaversionen 237
Nahrungsmittelunverträglichkeiten 239
Nasenbluten 241
Nasenreinigung 195
Nasenschleimhauttherapie 205
Nasenspülung 126, 195, 213, 215
Nasya 200 f., 205 f., 208
natürliche Erkrankungen 236
Nervosität 53, 55, 85, 94, 96, 116, 120, 177, 184, 188, 198, 204, 218, 220, 225, 237
Nethi 193, 195
Neuralgien 205
Neurodermitis 268
neurologische Krankheiten 35
niedrige Körpertemperatur 38
Nierensteine 80, 204
Ödeme 76, 202, 226, 240 f.
offene Wunden 160
Ohnmacht 178, 198, 242
Ohrenschmerzen 177
Ölabkochungen 185
Ölanwendungen 156
Ölbehandlungen 154, 156, 162, 177, 226
Öle 37, 155, 157, 172, 200
Öleinlauf 210, 213, 254
Ölgüsse 156
Ölkuren 156
Ölmassage 159 f., 162, 167, 190, 200, 203, 208
Ölrezepturen 172 f.
Ölsalbung 202
Ölsalbungen 156
Ölungen 215
örtliche Behandlung mit Dampf 186
Osteoporose 230, 232
Padabhyanga 169, 172
Pädiatrie 26
Panchakarma 25, 147, 154, 177, 191, 199 ff.
Panchakarma-Behandlung 200 f., 205
Panchakarma-Techniken 199 ff., 243
Panchakarma-Therapie 205
Paralyse 242

Parasiten 203
Parisheka Sweda 184
Parodontose 242
pessimistische Gedanken 220
Phlegma 39, 59
phlegmatische Beschwerden 177, 190, 202
Pickel 36, 241
Pigmentstörungen 38, 268
Pinda Sweda 179 ff.
Pinda Sweda-Behandlung 180 ff.
Pitta-Konstitution 120, 122 f., 133, 215
Pitta-Öl 174 f.
Pitta-Typ 36, 57 ff.,
Pizzichil 184
PMS (prämenstruelles Syndrom) 219, 223, 233
Prasna 51
Prasthara Sweda 184
Pratiloma 161
Prostata 203, 242
Psoriasis 241, 266
Psychiatrie 26
psychische Erkrankungen 236
Pulsdiagnose 51, 54
Purgiertherapie 201, 203
Raita 147 f.
Rakta Moksha 199, 201
Rasayana 25, 27, 133, 179, 201, 226 ff., 232 f., 262
rauhe oder zu glatte Haut 244
Reinigung 44, 48, 154, 185, 191, 195, 199, 206, 211
Reinigungskur 109, 147, 177, 192, 199, 205, 214, 227
Reinigungsprogramm 211
Reinigungstechniken 191, 199 f., 206, 265 f.
– des Yoga 192
Reis 143 f.
Reis-Mungobohnen-Suppe 146
Reisbrei 133, 212
Reismassage 179
Reispulao 143 f.
reizbare Stimmung 241
Reizbarkeit 58, 89, 132, 225
Rheuma 260 f.

rheumatische Arthritis 177, 179, 183, 204, 260 f.
rheumatische Beschwerden 179
Rückbildung des Muskelgewebes 179
ruheloser Geist 239
Saftkur 214
Salakyatantra 26
Salyatantra 26 f.
Sattvajaya 24
Schlafbedürfnis, übermäßiges 220
Schlaflosigkeit 35, 40, 77, 177, 179, 184, 218, 225, 233
Schläfrigkeit 40
Schlafstörungen 55, 68, 114, 204, 220
Schlafsucht 240
Schleim 59, 96, 202
Schleimansammlung 188
Schleimhautentzündung 259
Schluckauf 35, 198
Schmerzen 35, 63, 76, 79, 114, 161, 178, 183, 187, 198, 204, 222, 225, 237, 240
– im Rücken und Gliederbereich 187
– in der Lendenwirbelsäule 242
schmerzhafte, gelblich gefärbte Verdauung 240
schmerzvolles Urinieren 244
Schnupfen 198
Schwäche 35, 40, 196, 198, 204
Schwangerschaft 26, 53, 178, 196, 233 f.
Schweißbildung 178, 244
schweißtreibende Kräuter 188 f.
Schwellungen 237
Schwere 96, 101, 177, 187, 198, 204, 240
Schweregefühl 40, 104, 108, 237, 240
Schwindel 40, 198, 237, 242
Schwitz- und Ölkuren 199 f.
Schwitzbehandlungen 178 ff., 186 ff.
Schwitzen 58, 91, 108, 176
– im Umschlagbett 184
– in der Schwitzhütte 190
– mit Pflanzenabkochungen 187 ff.
Schwitzkur 155, 176 ff., 258
Schwitzkuren 155, 158, 177, 200, 215, 230
Schwitztherapie 176, 187

Sehschwäche 38
Sehstörungen 38
Selbsteinsalbung 160
Selbstmassage 162 ff., 169 ff.
Sesamölungen 210
Sexualheilkunde 27
sexuelle Schwächung 242
Shat-Kriyas 192
Sheera 150 f.
Snehana 154, 156 f., 162, 172, 177, 231, 243
Sodbrennen 37, 58, 95, 120, 132, 177, 240
Sorgen 37, 84, 239, 258, 264, 268
Spannungen 161, 187
Sparsana 52
Spezialdiäten 191
Spinat mit Zwiebeln 142
Sravana 51
starker Speichelfluß 40
starkes Brennen 37
starkes Schwitzen 37, 89
Steifheit 178, 198
– der Gelenke 35, 187
Stillzeit 232
Stirnhöhlenkatarrh 202
Stoffwechselfunktionen 74 f., 132, 155
Stoffwechselschwäche 38
Stoffwechselstörung 95, 105, 226, 262
Störungen des Nervensystems 35
Streß 54, 57, 60, 94, 115, 179, 237, 247, 258, 268
Stuhl 74, 79, 114, 176, 244, 261
süßlicher Geschmack im Mund 40
Swasta Vritta 192
Swedana 176 ff., 183, 187, 206 f., 231, 243
Swedana-Behandlung 188 f.
Swedana-Kräutermischung
– für Kapha 189
– für Pitta 189
– für Vata 188 f.
Swedapangana 188
Tetanus 201
Therapie
–, psychische 24, 26, 62
–, rationale 24 f.
–, spirituelle 24

Therapieformen 24, 62
Tinnitus 205
Toxikologie 27
Trägheit 22, 40, 70, 85, 126, 225
trockene Ekzeme 241
trockene Haut 225, 242
trockener Mund 37, 239
trockener Stuhl 35, 74, 79, 114
Trockenheit 37, 96, 190, 219, 239, 244
– an Haut und Schleimhäuten 35
– der Haut 177
– des Körpers 40
– im Körper 239
Tumore 184, 203, 239, 242
Übelkeit 40, 203, 221, 233, 237
Übergewicht 39, 59, 75, 94, 104, 124, 232, 261
übermäßiger Durst 244
Übersäuerung 37, 94, 109, 114, 119, 132, 204, 215, 219, 230
übler Geschmack im Mund 37
übler Körpergeruch 37
Umschlagtherapie 179 ff.
Unbeweglichkeit 238, 255
unkontrollierter Samenerguß 242
Unruhe 35
Unterernährung 241
Untersuchung des Geruchs der Ausscheidungen und Haut 52
Unterzuckerung 105
Unzufriedenheit 218
Upanaha 179
Urin 35, 40, 43, 46, 48, 74, 79 f., 176, 262, 266
Urinausscheidung 244
Urinzusammensetzung 244, 190
Vaijikarana 27
Vamana 177, 200 ff.
Vasti 201, 204, 206
Vata-Konstitution 114 ff., 134
Vata-Öl 174
Vata-Typ 55 ff., 102, 114 ff., 214 f.
Verdauungsbeschwerden 56, 161, 177, 220, 222
Verdauungsphasen 92, 100
Verdauungsschwäche 40
Verdauungsstörungen 104, 160, 198, 203, 238, 241, 244

Vergiftungen 202
verhärteter Stuhl 244
Verjüngungsbehandlung 179
Verjüngungsmittel 228
Verjüngungstherapie 27, 177
Verlangen nach Wärme 239
Verletzungen 77, 184
Verlust der Körper- und Widerstandskräfte 40
vermehrte Muskelmasse 241
vermehrte Schleimbildung 240
vermehrter Speichelfluß 240
Verrenkungen 35
Verschlackung des Blutes 37
Verschleimung 94, 160
– der Bronchien 241
– im Stirnhöhlen- und Lungenbereich 59
Verspannungen 114, 241
Verstopfung 35, 40, 56, 67, 69, 70, 74, 76, 89, 98, 114, 158, 198, 204, 221, 225, 239
viel Schlaf 40, 65
Virecana 200 ff.
Völlegefühl 56, 96, 120, 124, 237
warme Dusche mit Abkochung 184 ff.
Wasseransammlung 166, 190
– im Gewebe 39, 61
Wassereinlagerungen 220
Wasserspülungen 215
Wechseljahre 224 ff.
Wechseljahrsbeschwerden 216, 226 f.
weißer Stuhl 40
weißer Urin 40
Weißkohlgemüse 138
weißlicher Vaginalausfluß 242
wenig Urin 35
Würmer im Darm 203
Yukti vyapasraya 24 f.
Zellulitis 166, 243
Zittern 84, 241
Zorn 37, 89, 236, 238
Zunge 81 ff.
Zungenbelag 40, 81, 83
Zungendiagnose 81 ff.
Zungenfarbe 81, 83
Zysten 184, 203, 241

Ebenso erschienen im Schirner Verlag

180 Seiten
mit zahlreichen Abbildungen, vierfarbig
ISBN 978-3-89767-088-4

Janakananda
Ayurveda
NAHRUNG UND BEWUSSTSEIN

Unsere tägliche Ernährung ist von großer Bedeutung für unser allgemeines Wohlbefinden und die Gesundheit von Körper und Seele. In diesem Buch finden Sie allgemeine Tips sowie detaillierte Kochanleitungen für ayurvedische Gerichte, mit deren Hilfe Sie eine bewusstere Einstellung zu Lebensmitteln und Nahrungsaufnahme entwickeln können. Außerdem zeigt Ihnen der Autor, selbst Yoga- und Ayurveda-Lehrer, Möglichkeiten, wie Sie Krankheiten und Grundthemen Ihrer Persönlichkeit besser erkennen und diese durch eine bewusste Ernährung ausgleichen können.

Darüber hinaus ist dieses Buch angereichert mit ausführlichen Übersichten über Früchte, Gewürze, Gemüse, Nüsse und Pilze sowie Getreide-, Fleisch und Fischsorten mit ihrer jeweiligen Wirkung auf den Körper und das Bewusstsein. In einem den Jahreszeiten zugeordneten Abschnitt werden einfach zuzubereitende Rezepte vorgestellt, die sorgfältig nach der ayurvedischen Gesundheitslehre zusammengestellt sind und deren Zutaten Sie in heimischen Läden besorgen können. In einem gesonderten Teil finden Sie zu verschiedenen Krankheiten spezielle Ernährungstips, die zur Heilung beitragen können.

180 Seiten
mit zahlreichen Abbildungen, vierfarbig
ISBN 978-3-89767-088-4

Nathlie Neuhäusser
Die heilende Kraft der ayurvedischen Massage
DAS UMFASSENDE STANDARDWERK ZU ANWENDUNG UND HEILWIRKUNG

Massage ist eine der wohltuendsten und effektivsten Behandlungsformen der ayurvedischen Gesundheitslehre. Regelmäßig angewandt, schenkt die ayurvedische Massage einen gesunden, entspannten und verjüngten Körper sowie einen ruhigen Geist.

Mit Hilfe des Ayurveda lassen sich Zusammenhänge verschiedener Beschwerdebilder erkennen und auf sanfte Weise lindern. Ayurvedische Massagen werden individuell auf jeden Menschen abgestimmt und schließen die Reinigung, Heilung und Gesunderhaltung aller Gewebe und Organe mit ein. Durch ayurvedische Massage und Yoga können darüber hinaus auch hartnäckige Muskelverspannungen dauerhaft gelöst werden.

Dieses praxisnahe Buch führt Anfänger Schritt für Schritt in die Kunst der ayurvedischen Massage ein. Bereits geübten Therapeuten bietet das Werk einen tiefen Einblick in die verschiedenen Wirkungsweisen der ayurvedischen Massage. Zudem stellt es ein umfassendes Nachschlagewerk dar, das jede Massagebehandlung bereichert und erleichtert.

Die Autorin erklärt ausführlich die Marmapunkte, wie sie von jedem Menschen leicht gefunden werden können und die Heilwirkungen, die erzielt werden können, wenn man sie massiert. Bebilderte Anleitungen für allgemeine und therapeutische Massageabläufe ermöglichen ein gründliches Erlernen der Massagen.